Oda Ichiro
織田一朗

「世界最速の男」をとらえろ！

進化する「スポーツ計時」の驚くべき世界

草思社

〔写真提供・協力〕
セイコーホールディングス株式会社
セイコーミュージアム
スウォッチグループジャパン株式会社
国際陸上競技連盟（ＩＡＡＦ）

目次

第2章 公式計時《オフィシャルタイマー》を勝ち取れ！

第3章 電子計時がスポーツを変える！

第4章　計時ミス・ゼロをめざして

第5章 これからのスポーツ計時

序　章

時《タイム》は《イズ》金《マネー》の時代

下り坂で助走をつけた世界記録

男子100メートル走の世界記録は、現在のところ9秒58。ウサイン・ボルト（ジャマイカ）が二〇〇九年、ベルリンで開催された国際陸上競技連盟（国際陸連）主催の「世界陸上」で記録したタイムだ。現時点で「世界最速の男」の称号を保持しているのは、ボルトといえる。

それでは、世界で最初に「最速男」になったのは誰か。残念ながら、その人物を特定することはできない。

紀元前三五〇〇年頃にエジプトでつくられたレリーフには、すでに陸上競技を行っていると思われる人間の姿が登場している。短距離走の歴史はそれほど古いが、タイム測定が行われるようになったのは近代以降のことだ。

近代陸上競技で、最初に広く知られるようになった「最速男」は、一八四四年から四六年間タイトルを維持した米国人のジョージ・シウォードだろう。

シウォードは、二七歳の誕生日直前の九月三〇日に、イギリスのハマースミスで100ヤード（91.44メートル）9秒¼の記録を出し、「韋駄天男《いだてん》」として米国陸上界の伝説になっていた。

重要なことは一八四四年という年代で、この頃ちょうど、陸上競技に使用できるストップウォッチ機能が実用化された。つまり、それ以前の選手は、自分の速さを目撃者に見せることはできても、第三者に証明する手立てがなかった。

なお、秒以下の「補助単位」が分数になっているのは、ストップウォッチの機構がその理由。10分の1秒は測定できなかった。

短距離走で人類史上初の世界記録を残したシウォードだが、そのおよそ半世紀後の一八九〇年、米国の権威ある競走評論誌『ニューヨーク・クリッパー』誌があらためて取材し、目撃者の証言などを含めて検証したところ、シウォードはかなりの下り坂を、スタート地点の10ヤード前から助走をつけて走っていたことをつきとめ、無効の判断を下してしまった（ロベルト・ケルチェターニ『近代陸上競技の歴史』）。

したがって、現在残っている正式の記録としては、同じくシウォードが一八四四年から四七年につくった１２０ヤード（約１０９・73メートル）11秒½、２００ヤード（１８２・88メートル）19秒½、ハリー・ハッチンス（イギリス）が一八七五年から八五年にかけて記録した１３０ヤード（約１２０・17メートル）12秒¼、２２０ヤード（約２０１・17メートル）21秒⅘などに行き着く。

ちなみに、彼らは、アマチュアのスポーツ愛好家ではなく、資金援助を受けてトレーニングに充分な時間をつぎ込むことのできる職業選手だった。

近代五輪とともに記録は世界レベルに

一九世紀の陸上競技は、欧米の国内大会が中心だったが、一八九六年、アテネ大会を皮切りに近代オリンピックが開催されるようになってからは、「最速」も世界レベルになった。

一八九六年に開催された第一回のアテネ五輪は、欧米を中心に一四か国の二四一人（男子のみ）が参加、その三分の二（二〇〇人弱）は地元のギリシャ人だった。

競技種目は「近代スポーツに限る」とされ、八競技四三種目が実施された。八競技とは、陸上競技、競泳、体操、レスリング、フェンシング、射撃、自転車、テニス。陸上競技には、100メートル走、400メートル走、800メートル走、1500メートル走、100メートルハードル、マラソン、走り幅跳び、三段跳び、走り高跳び、棒高跳び、砲丸投げ、円盤投げの一二種目である。

ちなみに射撃の五種目には、現代の価値観では「スポーツ」にふさわしくないとも思える軍用銃200メートル、軍用銃300メートルも含まれている。出場者は一一六人で、陸上競技の五九人を上回り最多だった。

陸上競技は、古代オリンピックのスタディオンを模してつくられたパンアテナイギ競技場（五万人収容）で行われた。トラック一周の距離こそ333メートルあったものの、観客席がせり出しているために、トラックは胡瓜《きゅうり》のように細長く、400メートル以上のレースでは、「ヘアピンカーブ」をいかにうまく回り切るかが課題だったという。

100メートル走を制したのはトーマス・バーク（アメリカ）で、二位はフリッツ・ホフマン

1896年アテネ五輪、男子100メートル走のスタート風景。優勝したトーマス・バーク（左から2人目）だけがクラウチングスタートの姿勢なのが興味深い。
（写真提供：共同通信社）

（ドイツ）、三位はアラヨス・ソコリー（ハンガリー）だった。

優勝したバークのタイムは12秒0。スタートは軍人アルバテニス大佐の撃ったピストル音を合図とし、ストップウオッチが用いられた記録はあるものの、タイムの測定（計時）がどのように行われたのかの詳細は不明だ。

興味深いことにスタート時の写真が残っている。今日《こんにち》のように両手を広げて地面に置くクラウチングスタートの姿勢をとっているのはバークだけで、残りの選手は、身体の力を抜いただけの中腰や、立ったままで重心を前に傾ける前傾姿勢だった。スポーツ理論は未開拓で、各自で考える「もっとも早い」姿勢がとられたのだろう。バークは400メートル走も制し、これを機にクラウチングスタートが注目されるようになった。

陸上競技では、アメリカが一一種目中九種目で金メダルを獲得するという圧倒的強さを見せつけた。

古代ギリシャの故事にちなんだマラソンには二五人の選手が参加、半数以上は地元ギリシャからの参加だった。栄冠を勝ち取ったのは地元の羊飼いだったスピリドン・ルイス。2時間58分50秒で優勝し、一躍国民的英雄に祭り上げられた。

初の公認世界記録はリピンコットの10秒3/5

一九一二年は、陸上競技にとって重要な年になった。男子100メートル走の最初の「公認」世界記録が誕生したのだ。

この年、国際陸上競技連盟（国際陸連＝IAAF）が組織された。

一八〇〇年代中頃から、欧米で陸上競技が盛んになり、国ごとにアマチュアの競技連盟が生まれていた。そこで、一七か国の連盟代表が、ストックホルム大会の終了後に会議を開き、国際的な統括組織の結成、競技ルールの策定、世界記録の認定で合意し、国際陸連が誕生した。国際陸連は翌一三年にベルリンで第二回の総会を開いて憲章を採択し、ストックホルムに本部を置いて活動を開始した。

その後、本部は一九四六年にロンドンに移され、九三年からはモナコに置かれている。現在の会長はラミン・ディアック。メンバーには二一二の国と地域が加盟しており、各国の陸連を統括し、「世界陸上」など国際競技会を主催する。競技ルールは必ずしも共通化されていないため、細かい点では国際陸連と国内陸連で異なることもある。

国際陸連の設立とともに、計時のルールが定められ、記録の公認制度が始まった。

その直後に開催されたストックホルム五輪、男子100メートル走の予選で、ドナルド・リピンコット（アメリカ）が10秒3/5を記録。そのタイムが世界記録の第一号として公認された。なお、決勝ではラルフ・クレイグ（アメリカ）が10秒4/5で優勝。リピンコットは敗れ、銅メダルに終わった。

それから100メートル走の記録は、二一年にチャールズ・パドック（アメリカ）が10秒2/5、パーシー・ウィリアムズ（カナダ）が三〇年に10秒3、三六年にジェシー・オーエンス（アメリカ）が10秒2、ウィリー・ウィリアムズ（アメリカ）が五六年、10秒1と、10分の1秒ずつ短縮された（10秒2から10秒1へと縮めるのに二〇年の歳月がかかっている）。

興味深いことに、二七年にアメリカの大学生がスターティング・ブロックを発明したが、全米大学体育協会も国際陸連も使用を認めなかった。「使う選手だけが有利になる」というのがその理由だった。

当時イタリアの陸上競技の専門家だったロベルト・ケルチェタ－ニの測定によると、スターティング・ブロックを使うと、100ヤード（91・44メートル）で平均0・034秒速くなったという（『近代陸上競技の歴史』）。この時代には、「いかに好タイムを出すか」よりも、「誰が一番速いか」という順位優位の考え方だったのだ。

ちなみに、国際陸連は三九年にスターティング・ブロックの使用を認めたが、実際の記録更新にストレートにはつながっていない。

なお、オリンピックでも、第五回大会、ストックホルム五輪を迎えるにあたって、競技種目とルールが徹底的に見直された。

陸上競技では、採点方法が曖昧だった五種競技、十種競技を、専門家の意見を取り入れてわかりやすくした上で、正式種目に採用した。マラソンでは、伴走を一切禁止し、飲食物の提供場所を設け、コース全体に監視員を配置した。

競泳と飛び込みについては国際水泳連盟（FINA）の要望を聞き入れて、女子の参加を認めるなどした（『近代オリンピック一〇〇年の歩み』）。

「10秒の壁」の上に立ったドイツ人

人類で初めて「10秒の壁」の上に立ったのは、西ドイツ（当時）のアルミン・ハリーだった。

ハリーは、家具屋で働きながら短距離走を重ねていた。「他の選手よりも0・1秒早く反応する」といわれるほどスタート時の反応が早く、「稲妻の閃光」と呼ばれた。一九六〇年六月二一日に、ついに「10秒フラット」を叩き出したが、この記録は難産の末にハリーが勝ち取った記録だった。

ハリーが最初に「10秒フラット」の記録を出したのは、五八年で二一歳のとき、フリードリヒスハーフェンで開催されたレースでのことだった。ところが、レース後にコースを測定したところ、「コースの高低差は距離の１０００分の1以内」という規定を1センチ超えていたことが判明し、ハリーの記録は公認されなかった。

記録が公認された六月のレースでも、二位に圧倒的な差をつけてゴールインしたにもかかわらず、レースの終了後にスターターから「ハリーはフライングだったが、中止のピストルを撃ち忘れた」との申し出があり、審判団が協議した結果、再レースとなった。ハリーは抗議したものの受け入れられず、三五分後に行われた再レースでまたもや10秒0を出して、実力を証明した。このとき計測にあたった三人のタイムは、10秒0が二名、10秒1が一名だった。

ハリーは、六〇年八月に開催されたローマ五輪の決勝でも、「10秒フラット」を叩き出している。このときも、他の選手がフライングしたためスタートを二回やり直されたにもかかわらず、緊張感を持続させて好記録をものにした。これらのレースの模様は動画投稿サイト「YouTube」で見ることができる（Armin Hary で検索）。

ハリーの能力は、今でも高く評価する人が多い。今のトラックとシューズ、ウェアなら9秒7も可能だったのではないかとさえいわれるほどだ。歴代の短距離走者の中で、三六年ベルリン五輪の四冠王に輝いたジェシー・オーエンス、八四年ロサンゼルス五輪で四種目の金メダルを獲得したカール・ルイス（アメリカ）と共に、「偉大なランナー」と称される。

名声が高まると、商才にも目覚めた。自国のスポーツ用品メーカーのアディダスからシューズの提供を受けていたハリーは、六〇年ローマ五輪の直前に米国に行った折、自分の商品価値に気づき、名誉だけでなく、金も手に入れることができると思うようになった。

「アディダスに対して、彼を米国における卸売業者に指名して『一万足を提供してほしい』と伝えたが、アドルフ・ダスラー（註・アディダスのオーナー）はこれを受け入れなかった。すると、ハリーはアディダスの競争相手である（…略…）プーマと接触したのである。（…略…）結局、ローマ大会の男子の男子100m決勝で、ハリーが履いたのはプーマだった」（小川勝『オリンピックと商業主義』）。そして、またアディダスにも金銭を要求した。「ハリーは決勝で勝ったあと、アディダスを履いて表彰台に上がった」（前掲書）。

電気計時のせいで「壁」を破り損ねたヘイズ

スポーツ計時の進化は急速に進み、一九六四年に開催された東京五輪では、電気で計時システムを動かす「電気計時」が本格的に導入された。陸上短距離走では、主計時に全自動の電気計時システムを、副計時にストップウォッチによる手動計時を使用した。

新たな計時方法で損をしたのは、金メダルに輝いたロバート・ヘイズ（アメリカ）だった。もしも、東京五輪も従来どおりに手動計時を主計時として運営されていたならば、ヘイズは「10秒の壁を世界で初めて破った男」として金字塔を残したことだろう。

四二年生まれのヘイズは足が速く、弾丸を意味する「バレット・ボブ」と呼ばれていた。大学在学中の六二年には、100ヤード走で9秒2の世界新記録を出し、一躍注目の人となった。

東京五輪の100メートル走で優勝したヘイズの公式タイムは、10秒フラットと発表された。手動計時では9秒9、電気計時で10秒06だったが、当時のルールでは、電気計時の記録を手動計時に近づけるために、電気計時での時計のスタートを0・05秒遅らせ、結果値を四捨五入して10分の1秒単位の記録を公式としていた。手動計時では、タイムが短くなる傾向があり、その差を0・05秒と考えたからだ（ちなみに大会でのデータを比較すると、差は約0・20秒あった）。したがって、電気計時での実測10秒06は、10秒01となり、公式タイムは10秒フラットとされた。

ヘイズは、スタートでのロスタイムをいかに減らすかに強い関心を持っていた。今では許され

東京五輪（1964年）、陸上競技での手動計時。センターのひな壇でストップウオッチを構えているのが24人の計時員たち。

ないことだが、大会前に、スターターに決まっていた佐々木吉蔵に、練習場でスタートピストルを撃ってみてくれと頼み込んだ。スターターのタイミングには、国民性や個人の癖があるので、撃つタイミングをつかみ、あるいは駆け引きをして佐々木にピストルを撃たせ、ファールをせずに飛び出すタイミングを会得《えとく》しようとしたのだ。

競技関係者によると、「ヨーイ！」から「ドン」の間隔は1・8〜2・2秒が一般的だが、イタリア人は早め、ドイツ人は遅めだという。

選手の心理としては、「早め」に撃つスターターだと、いつもの自分よりも早くスタートしようとしてフライングが多くなる。大方の一致するところでは、「ヨーイ！」からピストルを撃つ間隔は2・0秒が適当とされている。

「テストは五〜六回に及び、ヘイズはその都度ごとにタイミングや姿勢を変え、腰を上げてからもなかなか静止しなかったり、早く静止したり、構え方を変える。だが、佐々木は動作が止まるまで撃とうとせずに待っていた。ヘイズは『ベリーグッド、これで安心して本番に臨める』と礼を言って去ったが、佐々木のタイミングの取り方を確認していったのだ。ヤマをかけられないと悟ったヘイズは正攻法で臨み、一度のフライングもなく優勝した」（森彰英著『スポーツ計時一〇〇〇分の一秒物語』講談社刊）。

人類最速は9秒台に突入

「10秒の壁」が破られたのは、一九六八年六月。米国カリフォルニア州サクラメントで開催された全米陸上選手権大会で、ジム・ハインズ、ロニー・スミス、チャールズ・グリーンの三人の黒人選手が、揃って9秒9を記録したのである。アルミン・ハリーが10秒フラットを記録してから八年が経っていた。

好記録の一因は、手動計時が公式に採用されていた大会だったからだ。トップの栄冠を射止めたのはハインズで、電気計時のタイムは10秒03だった。

表1　男子100メートル走の世界記録（電動計時）の変遷

9秒95	ジム・ハインズ（アメリカ）	1968年10月14日	
9秒93	カルビン・スミス（アメリカ）	1983年7月3日	
9秒83	ベン・ジョンソン（カナダ）	1987年	*89年に抹消
9秒79	ベン・ジョンソン（カナダ）	1988年	*抹消
9秒92	カール・ルイス（アメリカ）	1988年9月24日	
9秒90	リーロイ・バレル（アメリカ）	1991年6月14日	
9秒86	カール・ルイス（アメリカ）	1991年8月25日	
9秒85	リーロイ・バレル（アメリカ）	1994年7月6日	
9秒84	ドノバン・ベイリー（カナダ）	1996年7月27日	
9秒79	モーリス・グリーン（アメリカ）	1999年6月16日	
9秒78	ティム・モンゴメリー（アメリカ）	2002年	*抹消
9秒77	アサファ・パウエル（ジャマイカ）	2005年6月14日	
9秒74	アサファ・パウエル（ジャマイカ）	2007年9月9日	
9秒72	ウサイン・ボルト（ジャマイカ）	2008年5月31日	
9秒69	ウサイン・ボルト（ジャマイカ）	2008年8月16日	
9秒58	ウサイン・ボルト（ジャマイカ）	2009年8月16日	

その後、計時は次第に電気計時が中心になり、国際陸連は、七六年から公式記録は電気計時によってつくられたタイムのみとする決定をくだした。

電気計時で「10秒の壁」を破ったのは、一九六八年、メキシコシティ五輪、男子100メートル走決勝のジム・ハインズで、タイムは9秒95（公式タイムは9秒9）。そこからさらに0・1秒縮めるのには、何と二三年を要している。一時は、人間の限界ではないか、すなわち「人類の壁」とさえ思われたが、九一年にリーロイ・バレル（アメリカ）が9・90秒、カール・ルイスが9秒86を樹立した。

これより先、ベン・ジョンソン（カナダ）が八七年に9秒83の世界記録をいったんは樹立した。人類が長年「10秒の壁」に苦しんでいたことが嘘のような、まさに度肝を抜く記録だったが、八八年のソウル五輪、レース後のドーピング検査において、ジョンソンから採取された検体に筋肉増強剤の一種のスタノゾロールの陽性反応が現れ、その大会での金メダルは剝奪《はくだつ》され、それまで持っていた世界記録も抹消された。

用具・施設の改良が記録更新を後押し

短距離走の世界記録が順調に更新されている。それは、体力の向上、指導者の育成はもとより、関連の用具・施設の改良が進んだことに加え、走法技術やトレーニング方法などの進化による成果が出ているためだ。

スポーツ生理学など科学的解明と発展によって、肉体的改造や技術の向上が進んだ。より速く走るためのフォームの研究や効率的なトレーニング方法が開発され、先天的な能力に加えて後天的な能力の向上に高い効果を上げている。

施設の改良で目立つのは、トラックだ。鮮やかな赤茶色が特徴のアンツーカーは、一九三六年のベルリン五輪の競技場に初めて採用された。塩化マグネシウムなどを添加した土を高温で焼き、粉砕した人工土であるために均質で、天然の土と違って水はけが良いため、少雨なら競技ができるというメリットがあった。

さらに、六八年のメキシコシティ五輪以降は、表層にポリウレタン舗装を施した全天候トラックが主流になった。従来のアンツーカーには、スパイクで簡単に掘れるために力が分散してしまう、水分が多くなると軟弱な路盤になってしまうなどの欠点があった。それを改善したのが、全天候トラックだ。

ウレタン素材や合成ゴムを混ぜることで弾力性が発揮されて、反発力が備わる。その効果によって、「普通のアンツーカーに比べて、記録は二パーセント向上した」（『読売新聞』一九九九年六月二三日付）。ちなみに、東京の国立競技場は、硬度六〇度のウレタンが使用され、九一年に開催された国際陸連の「世界陸上」の男子100メートル走決勝では、八人中六人が自己記録を更新した（後述・131ページ）。

シューズも、以前とは比較にならないほど改良が進んでいる。当初のシューズは、単なる「運動用の靴」に過ぎなかったが、近年では軽量化のために、市販品では高くてとても使えない素材を使用したシューズが登場し、全天候トラック対応で弾力効果を高めたスパイクピンも開発されている。

六〇年頃からは、選手の体型や走法に合わせて専用のスパイクシューズが開発されるようになった。耐久性を無視して一大会での使用を目的に製造し、特定選手に提供した。

カール・ルイスが八七年の「世界陸上」ローマ大会で9秒93の世界タイ記録を出したときに使用したシューズは、片足一九〇グラム、九一年に東京で世界記録を更新したとき履いていたのは一一五グラムのシューズだった。

二〇一二年ロンドン五輪の日本選手団の陸上選手が履いていたのは、アシックスの靴底に炭素繊維強化プラスチック（CFRP）を使用した特別開発品だった。プラスチック靴底のシューズは変形するために、着地のたびにエネルギーをロスするが、CFRPは炭素繊維で強化されているために、軽くて変形しにくく、ロスが少ない。アシックスはCFRPの経験が浅いため、航空機の部品でCFRPの実績を積んでいる川崎重工の子会社の技術陣の協力を得て完成させた。

ウェアが記録を左右するほどまで重要になったのは、競泳用の水着だ。水の抵抗を減らすために、素材、デザイン、縫製の仕方までを研究し、タイムを短縮する水着を各社が開発している。

二〇〇八年の北京五輪では、英国スピード社の高速水着「レーザー・レーサー」を着用した選手が多数の好記録を生んだ。「レーザー・レーサー」の威力がはっきりと結果に表れたかたちだ（二〇一〇年以降は使用禁止）。

スポーツ界では、もはや、「用品メーカーの協力なしに世界記録は難しい」といわれるまでになっている。

「金メダルを金に換えた男」カール・ルイス

歴代の「最速の男」の中でもスーパースターを挙げるとしたら、まず浮かぶのはカール・ルイスの名前だろう。短距離走だけでなく、走り幅跳びで残した実績もさることながら、ハリウッドスターばりのハンサムな顔つきで、華があった。

スタートが苦手で他の選手に遅れるが、口を半分開き、掌を開き大きく振る「ルイス走法」で加速し、後半もスピードを保ったままゴールインする走りが特徴だった。身体の隅々まで神経を行き届かせたような走りのスタイルで、「精密機器」と呼ばれていたが、筋骨隆々としたベン・ジョンソンの「ロケットスタート」と、ルイスの後半でスピードを上げる(ように見える)「カモシカのようなしなやかな走り」は好対照で、世界の陸上ファンを魅了した。

ルイスは一九六一年にアラバマ州バーミンガムで、元陸上競技選手の両親の間に生まれた。兄はサッカーの米国の代表選手、妹は走り幅跳びの選手として「世界陸上」で銅メダルを獲得するなど、エリートスポーツマンの一家で育った。学生時代から頭角を現したが、八三年にヘルシンキで開催された第一回「世界陸上」で世界にデビューし、いきなり100メートル走、4×100メートルリレー、走り幅跳びの三種目を制覇し、強烈な印象を与えた。

国際陸連の世界ランキングに初めて入った七九年から九六年までに一〇個のオリンピックメダル(うち九個が金)と一〇個の世界選手権メダル(うち八個が金)を獲得する圧倒的な強さを示した。八四年のロサンゼルス五輪では、100メートル走、200メートル走、4×100メートルリレー、走り幅跳びの四種目にエントリーして全種目で金メダルを獲得するなど、「ルイスの

IAAF 世界陸上 1991 東京、男子 100 メートル走決勝、カール・ルイスが 9 秒 86 の世界新で優勝した際のゴール判定写真（モノクロ）。縦のケイ線が 100 分の 1 秒単位の時間を示す。

ための五輪」とまでいわれた。

「世界陸上」でも、八三年のヘルシンキ大会に続き、八七年のローマ大会で、100メートル走、4×100メートルリレー、走り幅跳びの三種目にエントリーしてすべてで優勝するなど、天下無敵の様相だった。

記録面でも、100メートル走で八八年（ソウル五輪）に9秒92、九一年（世界陸上）に9秒86と、二度にわたって世界記録を更新する偉業を残している。

一方で、ルイスは「金メダルを金に換えた男」といわれ、金に目ざといことで知られた。

高校時代に早くも企業からの〝プ

レゼント攻勢〟に浸かり、「各試合への旅費、学校を訪問する両親に贈られる航空券、運動靴や各種運動用具といった形の『プレゼント』は当たり前」だったという。

「プーマのシューズを履くだけでお金が支払われ、おまけにシューズや運動用具は欲しいだけ無料で提供されるのだ。（略）家族全員がプーマ製品を身につけて運動をするようになった」（カール・ルイス、ジェフリー・マークス『カール・ルイス　アマチュア神話への挑戦』）。

若くしてこれらの金品攻勢に汚染されていただけでなく、同時並行的に競合企業とも関係を結ぶことにも躊躇しないという無節操ぶりで、ナイキの提示した条件は、「年四回の遠征費用のほかに成績に応じてボーナスを支払う。ワールドカップで優勝すれば五〇〇〇ドル（約五〇万円）、世界記録を出したら五〇〇〇ドル、（国内での）屋外記録には二五〇〇ドル、屋内記録には七五〇ドル」（前掲書）だった。

さらに、卒業後、ナイキと破格の契約を結んだ。八四年のロサンゼルス五輪（ロス五輪）を含む四年契約は合計二〇万ドル（単年度は四万〜六万五〇〇〇ドル）の基本料とボーナスで成り立っていた。

ボーナスは、世界記録には最高一万七五〇〇ドル、１００メートル走または走り幅跳びで世界一、二位には一万ドル、その両方で世界一、二位に入賞した際には二万五〇〇〇ドル、五輪の金メダルで四万ドル、銀一万五〇〇〇ドル、銅一万ドルが支払われる（他の主要大会でも設定）。したがって、四個の金メダルを手にしたロス五輪だけで一八万五〇〇〇ドル（約一八五〇万円）を手にした勘定だ。さらに、ルイスは多くのCM契約を結んだほか、肖像権をしっかりと主張し、スナップ写真やランニングショットにも、多額の版権使用料を徴収している。

その結果、ルイスの年収は、ロス五輪前の二億円から、ロス五輪後は四億円に跳ね上がった。八〇年代には歌手デビューを果たし、九七年に競技生活から引退して俳優への道を選んだ。

「タイム・イズ・マネー（時は金なり）」と、時間の大切さを説いたのは米国の著述家（有名な政治家、物理学者でもある）ベン・フランクリンだったが、米国の陸の王者は、記録（タイム）を金（マネー）に換えたことで「タイム・イズ・マネー」を実践した。

「レジェンドになる」を実現したボルト

世界記録は、一九九九年にモーリス・グリーン（アメリカ）が9秒79を記録。9秒8の壁が破られて以降、二〇〇五年にアサファ・パウエル（ジャマイカ）が9秒77、〇七年にふたたびパウエルが9秒74と、二〇〇〇年代には9秒7台で足踏みを続けたが、〇八年五月にウサイン・ボルト（ジャマイカ）が9秒72、同年八月に9秒69を記録。ついに9秒7の壁も破られた。

かつての分析によれば、人類が9秒6の壁を破るのは二〇三〇年代だろうといわれていた。ところがそんな予測をあっさりと裏切り、9秒6の壁を破ったのがボルトだった。

IAAF 世界陸上 2009 ベルリン、男子 100 メートル走決勝、ウサイン・ボルトが 9 秒 58 の世界新記録で優勝した際のゴール判定写真（カラー）。ボルトのシューズが異常に長く映っているのは、ゴールライン上に止まった時間が長いためだ。

短距離ランナーのイメージからはかけ離れた身長一九六センチ、体重九四キロもの大男が、〇九年に9秒58の大記録を打ち立てた。

ボルトは、〇八年の北京五輪、一二年のロンドン五輪と、１００メートル走、２００メートル走、４×１００メートルリレーの三つの金メダルを獲得。オリンピック二大会連続の三冠は、カール・ルイスやベン・ジョンソンもなし得なかった偉業で、ロンドン五輪前に宣言していた「伝説になる（Become a Legend）」との公言を実現したことになる。

ボルトは、収入面でもトップクラスへと登りつめた。プーマは、更新期を迎えた一〇年から契約金を大幅に増額し、年間九〇〇万ドル（約七億円）に引き上げた。ボルトは「最速の男」のタイトルとともに、高額な収入を手に入れた。『フォーブス』誌「世界の高額所得者番付百位」によれば、二〇一一年の賞金は三〇万ドル、スポンサー収入二〇〇〇万ドルで合計二〇三〇万ドル（当時で約一六億円）。ボルトは、所得面でも「伝説」になったのだ。

ただし、ボルトが稼いだ二〇三〇万ドルは、全アスリートの中では世界で六三位に過ぎず、上にはボクシング、ゴルフ、バスケットボール、テニス、野球、アメリカンフットボールなどの有力選手がひしめいている（次ページ・表2参照）。それでも、陸上選手としては破格のランクで、陸上選手として世界の高額所得者番付ベスト一〇〇に入ったこと自体、画期的なことだ。

反商業主義のブランデージIOC会長

アスリートの高収入化は、スポーツの商業化の動きと連動している。

二〇世紀半ばまでは、スポーツは金儲けの手段ではなく、「心身を鍛え、体力と技を競い合う」運動競技だった。その象徴がアマチュアリズムの精神だ。

多くの競技連盟では、アマチュアリズム尊重を掲げ、アマチュア規定で金品の授受を厳しく制限し、違反者は資格剝奪など厳しく処分した。アスリートは、スタジアムの中の活動では生計を立てられず、有名になると、プロスポーツに転向する選手が多かった。

表2　スポーツ選手の高額所得者番付：2011年

	選手名（競技名）	年収（万ドル）	うち年俸・賞金
1	フロイド・メイウェザー（ボクシング）	8,500	8,500
2	マニー・パッキャオ（ボクシング）	6,200	5,600
3	タイガー・ウッズ（ゴルフ）	5,940	440
4	レブロン・ジェームズ（バスケットボール）	5,300	1,300
5	ロジャー・フェデラー（テニス）	5,270	770
6	コービー・ブライアント（バスケットボール）	5,230	2,030
7	フィル・ミケルソン（ゴルフ）	4,780	480
8	デビッド・ベッカム（サッカー）	4,600	900
9	クリスティアーノ・ロナウド（サッカー）	4,250	2,050
10	ペイトン・マニング（アメフト）	4,240	3,240
11	リオネル・メッシ（サッカー）	3,900	2,000
12	ハロティ・ナタ（アメフト）	3,730	3,710
13	ラリー・フィッツジェラルド（アメフト）	3,680	3,530
14	ダムコング・スー（アメフト）	3,600	3,550
15	チャールズ・ジョンソン（アメフト）	3,440	3,430
16	ラファエル・ナダル（テニス）	3,320	820
17	マリオ・ウィリアムズ（アメフト）	3,320	3,290
18	アレックス・ロドリゲス（野球）	3,300	3,100
19	フェルナンド・アロンソ（カーレース）	3,200	2,900
20	バレンティーノ・ロッシ（オートバイ）	3,000	1,700
20	ミハエル・シューマッハ（カーレース）	3,000	2,000
22	ダレル・リーヴィス（アメフト）	2,830	2,700
23	デイル・アーンハートJr.（カーレース）	2,820	1,320
24	ウラジミール・クリチコ（ボクシング）	2,800	2,400
24	ルイス・ハミルトン（カーレース）	2,800	2,500
26	マリア・シャラポア（テニス）	2,790	590
27	サム・ブラッドフォード（アメフト）	2,780	2,680
28	トム・ブレイディ（アメフト）	2,710	2,310
29	ジョー・マウアー（野球）	2,700	2,300
30	イーライ・マニング（アメフト）	2,660	1,860
…			
63	ウサイン・ボルト（陸上）	2,030	30

『フォーブス』誌2012年6月「The World's Highest-Paid Athletes」

一九五二年から七二年までの二〇年間、ＩＯＣ（国際オリンピック委員会）の会長を務めたアベリー・ブランデージは、典型的なアマチュアリズムの信奉者で、特に晩年は、より頑なな姿勢になっていた。いかなる形であれ、オリンピックにプロフェッショナリズムや商業主義が持ち込まれることを徹底的に嫌った。

七二年の札幌冬季五輪の直前に開かれたＩＯＣの総会では、金メダル候補だったカール・シュランツ（オーストリア）を「プロである疑いが極めて濃厚」として参加資格を取り消し、世界中を驚かせた。

このような動きの余波を受けたのが、札幌冬季五輪でオフィシャルタイマー（公式計時）を担当したセイコーだった。ブランデージの反プロフェッショナリズム、反商業主義の風向きを察知し、「会場内に設置する計時器材から、ブランド名を外す」という、前代未聞の決断を行った。

公式計時のために、二六機種五八三個の時計や器材と、九〇人以上の計時スタッフを提供し、その総額は四億五〇〇〇万円（当時）にも上っていた。しかし、「オリンピックという競技会の性格を尊重すれば、広告のために行うブランド表示は、予期しがたい誤解を招く恐れもある。オリンピックの公式計時は、優れた装置とシステムを開発し、滞りなく計時の運営に協力することが目的である」（セイコー・オリンピック競技時計本部長服部禮次郎専務＝当時）として、経営トップは大会九日前に苦渋の決断をした。

ただ、このセイコーの「自主規制」は、「すがすがしい行為」として多くのメディアが取り上げ、国内のみならず、海外の通信社までもが世界中に打電したことから、かえってピーアールになったとの声もある。

隘路に入ったアマチュアリズム

スポーツのプロ化が進むなか、精神論だけでは現実問題は解決しない。他のＩＯＣ委員たちは、次第にブランデージから離反していった。

アマチュアスポーツは二流選手が主体になって、人気がなくなり、行き詰まった。

オリンピックは参加国が増えて規模が拡大、大会開催には多額な資金が求められたが、プロフェッショナリズムや商業主義を徹底的に排除したため、運動の広がりはおろか開催そのものが危うくなるなど、隘路に入っていった。

もっとも深刻だったのは、資金難からすでに決まった大会が返上されるケースである。一九七六年冬季五輪はデンバー（アメリカ）にいったん決まっていたが、資金面の理由から、インスブルック（オーストリア）に変更された。

アマチュアスポーツ界では、一九六〇年代から規定を形骸化または廃止する動きが強まっていた。大きな影響を与えたのは、サッカーやアメリカンフットボールなどの球技スポーツで、豊富な資金力で多数のスター選手を輩出し、世界中に多くのファンを広げていた。

オリンピックでは、東京大会の頃からトップアスリートに対するスポンサーの攻勢が激しくなり、現金供与が常態化したといわれている。

「男子200メートルで金メダルを獲得した米国のヘンリー・カーは、オリンピックのために東京に滞在している間、スポーツ用品メーカーの代理人から封筒に入った現金を受け取ったことを認めている。一回の受け渡しは六〇〇ドルから七〇〇ドル程度だったという（『オリンピックと商業主義』）。

そして、六八年のメキシコシティ五輪では、現金供与がついに露呈した。「明るみに出たきっかけは、スポーツ用品メーカーが振り出した小切手を、選手村で現金化した選手がいたことだった」。これを受けて、「米国オリンピック委員会の会長が記者会見を行い、業者から金品を受け取った選手がいることを認め、調査を行っていると発表したのである」（前掲書）。

七〇年代以降は、マラソン大会を中心にテレビ局やスポンサーから多額の出場料や賞金が払われるようになり、イベント性が高まって大会は盛り上がったが、アマチュア規定は形骸化した。

IOCでは七四年にオリンピック憲章からアマチュア規定を削除した。八〇年にはブランデージの流れを汲むキラニン男爵が会長を退任し、拡大路線を望むアントニオ・サマランチが就任して、プロへの開放、商業化に大きく舵を切った。その象徴が「商業主義のオリンピック」とのレッテルを貼られたロサンゼルス五輪で、二億五〇〇〇万ドルもの収益を上げて世界を驚かせた。オリンピックは「儲かるイベント」に変身したのである。

「世界最速」は大きなビジネス

国際陸連では、一九八一年にプリモ・ネビオロが会長に就任すると、アマチュアリズムとの決別の方針を明確に打ち出した。八二年の総会では、一定のルールに則るとはいえ、アマチュア選手が賞金や出場料を受け取ることを公認するルール改正を行った。

競技会はイベント性を高めるために積極的に商業化を進め、多額のテレビの放映権料やスポンサー料を集めるようになったほか、賞金レースも積極的に開催するようになった。

賞金制度が初めて採用されたのは、八五年に開催された招待競技会の国際陸連主催モビール・グランプリだった。種目ごとで入賞した選手に一位一万ドルから八位一〇〇〇ドルの賞金が本国の連盟を通じて選手に授与された。

「このことは、以前と比べれば、まさに革命であった。しかし、〝現実〟はつねに公式ルールよりも数歩先行するものである。スター選手たちは上記の賞金のほかに、大会スポンサーから公然と、あるいは秘密裏に、依然として出演料を受け取ることができるのだ」(『近代陸上競技の歴史』)。

もはや「世界最速の男」は、公然とビジネスになった。「最速の男」は二位よりも速いだけではない。報酬において、優勝は「ぶっちぎりのトップ」、そして二位はかぎりなく八位に近いことが明白となった。

タイムは名誉だけでなく、「金」との結びつきを深め、この意味からも「着順」「計時」にはミスや誤差が許されなくなった。

企業・国家とアスリートが金でつながる時代に

国際陸連は、さらに商業化の度合いを強めている。一九九一年にオフィシャルパートナー（四年契約）を募集し、一二社から一〇〇億円もの資金を集めた。その一部を使って、指導者と新人選手育成のための地域開発センターを設立、九〇年代には世界の一〇か所に設置した。

日本人の感覚からすると、スポーツがアマチュアリズムを軽視するのは堕落のように思えるが、IOCのジャック・ロゲ会長は、IOCが「アマチュアリズムから離れて、商業主義に突き進む」理由を次のように説明する。

「一九六〇年代まで五輪は富裕国からしか参加できなかった。今はテレビやスポンサーのおかげで、すべての国と地域が参加できる。近代五輪を提唱したクーベルタン男爵の時代とは違う。アマチュアリズムは偽善だった。労働者は締め出され、貴族だけがスポーツを楽しんだ。今は企業の支援を受け、発展途上国の選手たちに手をさしのべられる。これはスポーツの民主化だ」（二一〇一三年二月二〇日付・朝日新聞稲垣康介編集委員インタビュー「五輪はどこへ」)。
「アマチュアリズムとの決別」が明白になったのは、二〇〇一年に行われた国際陸連(IAAF)の名称変更で、設立時にはInternational Amateur Athletics Federationと定められた正式名称からAmateurを外し、代りにAssociation ofに入れ替えたことだった。略称のIAAFは変えないようにしたものの、組織の性格は一変した。

ロゲは、「アマチュアリズムに固執しているかぎり、スポーツは貴族だけのものであった」と言いたいのだろうが、果たしてそうなのであろうか。

もはや選手や連盟にとって、スポンサーの存在は不可欠になった。さらに重要なことは、企業にとどまらず、国家さえもスポンサーとして登場するようになったことだ。

報道されているいくつかの国の例を挙げるならば、一二年ロンドン五輪のメダル獲得に支払われた報奨金は次のとおりだ。金メダルトップに返り咲いた米国が金に二万五〇〇〇ドル(当時の為替レートで約二〇〇万円)、銀に一万五〇〇〇ドル、銅に一万ドルを与え、二位の中国は金に三五万元(約四四〇万円)を用意した。中国は邦貨に換算すると少ないように見えるが、物価水準を考慮すると、たいそうな金額だ。

金額でもっとも高かったのはイタリアで、一四万ユーロ(約一三六〇万円)が提示された。ロシアが八万五七九一ポンド(約一一〇〇万円)、韓国が五〇〇〇万ウォン(約四一〇万円)と兵役免除だったが、際立ったのはトリニダード・トバコで、同国で二人目の金メダリストとなったやり投げ選手に、一五万五〇〇〇ドル（約一二四〇万円）と土地付きの一軒家が贈られた。

日本は日本オリンピック委員会（JOC）から、金三〇〇万円、銀二〇〇万円、銅一〇〇万円の報奨金を支給した（総額一億四二〇〇万円）。ちなみに、日本の報奨金制度は、夏季は九二年のバルセロナ五輪、冬季は同年のアルベールビル冬季五輪から始まった。また、各競技連盟からは傘下競技での獲得者として、三位までの入賞者に報奨金を用意している。日本陸上競技連盟から金一〇〇〇万円、銀六〇〇万円、銅四〇〇万円、日本競輪選手会から金三〇〇〇万円、銀二〇〇〇万円、銅一〇〇〇万円、日本体操協会から金五〇万円、銀三〇万円、銅二〇万円などだが、組織の財政状態で、金額に大きな差がある。

オリンピックはいまや世界最大のイベントになり、またとない世界規模のピーアールと国家意識の発揚の場となったことから、「金」の威力で効果を高めようと考える国が増えた。もはやアスリートと国家は、「愛国心」などという精神的な「絆」ではなく、「金」の力でつながる時代になってしまったのだ。

そこでは、タイムは収入に直結し、世界記録は競技における世界最高収入を保証することになる。

第1章

二位が一位のタイムを上回る?

時計が競技に追いつけなかった時代

医療機器だったストップウオッチ

「いつでも希望する任意の時間」を「繰り返し計測する」ために考案されたのがストップウオッチだ。

一般に、すでに存在するものの有難味を理解するのは難しいものだが、普通の時計をストップウオッチ代わりに使ってみると、ことのほか不便なことがわかる。

例えば、自宅から最寄り駅までの所要時間を正確に計ろうとすると、スタートは、秒針が一二時の位置を指すまで待たなければならない。そのタイミングを逃したら、次までの待ち時間が発生する。また、駅に到着して汗をぬぐっていたりしていると、到着時間を見逃すことになり、計測は翌日に持ち越さなければならない。

ストップウオッチがあれば、そんな失敗はない。任意の時間に計測をスタートできるし、途中で寄り道をした場合も、その間、時間を止めておくことができる。しかも、駅に到着したときストップボタンを押しさえすれば、所要時間は、電車に乗ってからでもゆっくり確認すればいい。

ストップウオッチの基本原理であるクロノグラフ（語源はギリシャ語のchrono＝時＋graph＝記録する）の原理を一七二〇年に考案したのは、イギリス人のジョージ・グラハムだ。設計上は16分の1秒単位で計測が可能だった。ただ、振幅が4分の1秒の振り子を時間源にしたクロック（置き時計）なので、持ち運べるものではなかった。

携帯できるウオッチ型のストップウオッチを最初の試作は、一八二一年、フランス人でパリの時計職人のニコラス・リューセックによる。文字盤上にペンでマーキングする点印式だった。回転するのは針ではなく文字盤で、必要に応じて固定されているマーカーを押し下げることで、文字盤上にインクで時間を印す仕組みだ。

これに改良を加えたのが有名な時計職人のアブラハム・ブレゲで、固定した文字盤型を試作した。ブレゲの方式は、上下が二層になった秒針が用意され、計測が始まると、上層にある細いピンが下りて、下層のインク溜めの小穴を通って文字盤上に印を開始し、計測が終わるとピンは上がってマーキングが終了する。

当初、クロノグラフを用いたのはもっぱら医療現場で、患者の心拍数を計るためだった。一五秒間の間に脈打つ心拍の回数を数えて四倍すると、一分間の心拍数がわかる。

もともと医療用機器だったクロノグラフがスポーツに使われるようになったのは一八二二年。フランスで馬術競技の持ち時間を測定するため、リューセックがつくった。

時間を記録できるという画期的な発明だが、計測時間は一分以内で、読み取るにも、リセットする（インクを拭き取る）にも不便な構造だが、持ち時間の測定を客観的に、科学的にできるようになった意義は大きい。

その後、一八四四年にスイス人のアドルフ・ニコルが、秒針を停止、始動、復針（秒針をゼロの位置に戻すこと）のできる機能を開発して、通常に時を刻む、つまり針が動くウオッチで時間が計測できるようになった。

もっとも、初期のストップウオッチは、時間精度、計測単位ともに短距離走の測定には不充分だった。時計精度が満足できるほど高くなかった上に、止まっている時計のゼンマイを巻き、いきなり計測を始めるのだから、機械も調子が出るはずがなかった。

機器の進歩で生まれた（？）新記録

近代オリンピックは一八九六年に始まった。一八八七年から秒針付きクロノグラフの製造を始めていたロンジン社は、5分の1秒単位で最大30分を計測できるストップウオッチをつくり、第一回大会（アテネ）に間に合わせた。

一九世紀のスポーツ競技大会でストップウオッチを使用したことは称賛に値するが、公式記録として採用されたのは秒単位のタイムだった。

アテネ五輪の100メートル走で優勝したトーマス・バークの記録は12秒0とされているが（前述・15ページ）、5分の1秒単位でしか計測できなかったので、実際のタイムは11秒40超〜12秒20未満だった可能性が大きい。もっとも、当時のストップウォッチの時間精度を考慮すれば、そのような詮索自体に意味はないかもしれない。

一九〇〇年のパリ五輪では、フランク・ジャービス（アメリカ）が11秒0の記録を出している。一九〇八年から記録は、5分の1秒単位に改められ、同年に開催されたロンドン大会で、レジー・ウォーカー（南アフリカ）が10秒4/5の記録をつくった。

選手には失礼だが、この時代にはストップウォッチを使用した大会そのものが少なく、計時のルールも確立されていなかったので、たまたま計測された選手の好記録が「新記録」として残されていることになる。歴史に名前さえ挙がらなかった「世界最速の男」も多いはずだ。

同じストップウォッチを使用しても、取り扱い方や測定者の運動神経・反応時間によってもタイムが左右されるが、ストップウォッチの性能が向上し、計測タイムが精密になり、その結果生まれた「新記録」もあるにちがいない。

計時ルールの制定とストップウォッチ

一九一二年に国際陸上競技連盟（ＩＡＡＦ）が設立され、計時のルールが定められるとともに、公認世界記録の制度がスタートした（前述・16ページ）。

一六年にはタグ・ホイヤー社が100分の1秒単位を計測できるストップウオッチ「マイクログラフ」を開発し、二〇年のアントワープ大会、二四年のパリ大会、二八年のアムステルダム大会と、三回のオリンピックでオフィシャルタイマーを務める。

二〇年代になると、人々の関心は着順だけでなくタイムにも向けられ、三度のオリンピックで九個の金メダルを獲得したパーボ・ヌルミ選手（フィンランド）は、長距離走の練習で走る際には、ストップウオッチを持ってペース管理を行っていたという。

三二年に開催されたロサンゼルス大会には、オメガが10分の1秒単位の計測ができるストップウオッチ「キャリバー1130」を開発して、オリンピックの全競技種目でオフィシャルタイマーを引き受けた。

「キャリバー1130」の時間精度は、一日で最大3秒（当時の時計としては大変な高精度だが、一時間当たりに換算すると0・125秒となる）だった。10分の1秒単位であっても、当時の世の中の誤差に比べると、桁違いの高精度だ。三〇個のストップウオッチは、エディ・トーラン（アメリカ）の100メートル走10秒3をはじめ、一七（陸上一四、競泳三）の世界記録を生み出した。

その後も記録の単位は10分の1秒に据え置かれた。これは、時間精度の問題だけでなく、針の表示誤差やボタンを押してから機械が作動する時間差があることなどを勘案したためだろう。

ロサンゼルス五輪（1932 年）のためにオメガが開発したストップウオッチ「キャリバー 1130」。

6 個のストップウオッチをセットした電気機械式制御のブリーフケース。1920 年代に使用されたもの。

極寒の山中でタイムを計る

ストップウオッチを主体にした手動計時は、「目視」と「反射神経」に依存しているだけでなく、施設の制約や自然環境にも大きく左右された。

ウインター・スポーツでは、競技コースが平地でないために複数の選手が同時にプレイできず、タイムで着順が決まる種目が多い。まさにタイムがすべてを左右するのだが、厳しい自然や悪天候が計測の妨げになることも多い。

マイナス二〇度以下の世界では、水分は瞬く間に凍るほか、外気を大きく吸い込むと肺を傷めることもある。常温ではびくともしない電気のコードも、両手で引っ張ると簡単にちぎれてしまう世界だ。街中《まちなか》で着用するような手袋では寒さをしのげず、かといって厚手の手袋を装着していると、簡単な機械操作さえままならない。また、電子機器よりも寒さに強い機械式ストップウオッチでも、あまり気温が下がると潤滑油が凍ったりして、機械がスムーズに動かなくなる。

スタート地点は、直線距離でも数百メートル先の山の中腹に設定されるが、快晴でもクリアに見通すことのできる状況は少ない。電話や無線もなかったので、スキーの回転競技では、計時員はふもとのゴール付近に陣取り、スタート地点で大きな旗を振り下ろす合図を待つ。

天候によって、ガスに覆われることもあり、ガスや靄《もや》の彼方でうごめく旗の動きを確認するのは、頭で考えるほど簡単ではない。近くにいれば、掛け声や歓声なども聞こえてくるのだが、何キロも離れているので、まるで無声映画を見ているような状況になるため、自分の目だけが頼りになる。スタート時間になると、まばたきを減らして大旗を凝視するが、油断していると見逃すことになる。

しかも、厚い手袋をした指先で、小さなストップウオッチのボタンを押すのは、大変な作業だ。経験者は、「ちょっと目を離しているうちに選手がスタートしてしまったり、ストップウオッチのボタンを押し損ねて、再度押し直す経験は、一度や二度ではない」と打ち明ける。

天候が時々刻々と変化するため、競技の中断は日常茶飯事だ。中断ならまだいいが、天候が悪化するなかで競技が続行されることもある。スケジュールが遅れていたり、日没の時間が近づくと、天候回復を待つ時間が許されなくなり、降雪の合間を見て選手をスタートさせることになる。

ウインター・スポーツの大らかさ

アルペン競技では、同期させた二つの時計で計測する方法もとられた。二つの時計の時刻を合わせ、片方をスタート地点に持参する。スタート地点では選手のスタート時刻をメモし、ゴール地点ではゴールラインの時刻からスタート時刻を引き算して、選手のタイムをはじき出した。

無線などの通信手段がないため、スタート担当の計時員が時刻を走り書きしたメモを次の選手のポケットに入れ、伝書鳩のように運搬してもらった。なんとも大らかだ。

それでも大きなトラブルにならないのは、関係者の誰もが、大自然の厳しさを実感しているからだろう。我だけを通してもままならず、人間が大自然と融和しながら行うスポーツだからである。そこには、「山の神による『運、不運』はつきもの」との共通認識があるようだ。

その後、一九五六年に開催されたコルティナ・ダンペッツォ冬季五輪で、アルペンスキーに初めてスターティング・ゲートが導入された。この頃は、予定のスタート時間が来ると、音と視覚で合図をし、選手の脚の前にセットされたバーが開く仕組みだ。

スタート合図は、脇に設置される信号と音によって行われ、赤、オレンジの予報の後に緑の信号が点灯するとスタートバーが開く。選手は緑のランプが点灯する0・5秒前から点灯後1秒以内でスタートすることが求められた。

現在のシステムでは、スタートバーも電気で連動しており、バーが一五度開くと、スタート信号が入り、ゴールラインに設置された光電管でゴールの信号を拾う仕組みになっている。

タイムではなく順位がすべてだった時代

手動計時だと記録は良くなる

ストップウオッチを使って、目視と人の手で計時する「手動計時」は、短距離走の場合、ゴール横に陣取る計測員が、スターターのピストルから上がる白煙を見て、ストップウオッチのスタートボタンを押し（音速で伝わる音は、100メートル先のゴールの計測員まで約0・3秒もかかる）、目の前のゴールラインを横切ったときにストップボタンを押す。

スタート時は、白煙を見てからボタンを押すので反応に時間がかかる。ゴール時は、近づいてくる選手を目で追っていると、ゴールの瞬間を予測して停止ボタンを早めに押してしまう。つまり、スタート時には押すのが遅くなり、ゴール時に早めに押す傾向があるので、計測タイムは、実際のタイムよりも短くなる傾向がある。

反応の鈍い計測員はスタートボタンを押すのが遅いので、タイムはさらに短くなる。優秀でない計測員が担当したほうが、記録はよくなる傾向にある。

公式大会では選手一人に複数の計測員が配置されるが、全員の測定結果が合致することは稀だ。

そのため、タイムにばらつきが生じた場合の処理ルールが決められている。

短距離走で、計測員がランナーごとに三人配置されているケースで見てみよう。

三人のタイムが一致した場合と、二人が合致した場合はそのタイムが正式記録となる。10秒1が一人、10秒2が二人だとすると、二人の10秒2を生かす。

三人のタイムがバラバラの場合、最速と最遅のタイムを捨てて中間にある数値が正式タイムとなる。つまり、10秒1、10秒2、10秒5に分かれたケースでは、10秒1と10秒5の平均を出して10秒3になるのではなく、10秒2が採用される。

一方、自転車競技の場合は、三人が配置されて、三人合致と二人合致の場合は陸上短距離走と同じだが、三人のタイムがバラバラの場合は特例として、中間のタイム、またはタイムが近い二人の中間タイムのいずれか、となっている。つまり、前記の例では、10秒3でも10秒2でもいいことになるが、人情として、速いタイムを採用するのが一般的だ。

着順がすべて、タイムは後付け

手動計時による運営で重要なことは、目視による着順があくまでも優先され、タイムは記録用と考えられていることだ。着順審判が順位を決め、タイムが整理されて正式記録が確定する。タイム集計を元に着順を決定すると、目視による着順と食い違いが生じる。そこでは、人間の目が絶対で、時計は信用されていないことになる。

では、手動計時で二位のタイムが一位を上回るケースには、どのように対処していたのだろうか。

あくまでも「目視による着順」が前提になることから、整合性を図るために、「遅い」一位のタイムを「早い」二位のタイムに揃えるのである。このような〝人為的操作〟には今では違和感があるが、手動計時しか存在しなかった時代には、当然のことと受け止められていた。

これは、着順が明確な場合には、大した問題ではなかった。正確にいうなら、表面化しなかった。しかし、判定された着順に疑問を感じるケースでは、納得の行かないことだった。本人は一位と判定された選手よりも先にゴールインしたと思っていて、しかもタイムが一位選手よりも「速い」と出れば、自分がトップと考えるのが自然だろう。

だが、結果が伝えられるのは口頭で、証拠はストップウオッチの結果と計測員の記録した手書きの数値しか残されない。レースを再現できる手段もなく、泣き寝入りするしかなかった。際どい判定に、選手・コーチたちは不満を表わすことはできたものの、立証できる材料もなく、後味の悪いものになっていた。

また、手動計時で唯一の測定器であるストップウオッチの計測範囲も、ネックだった。ほとんどのストップウオッチの計測時間は三〇分であり、二時間以上になる計測時間を計るマラソン競技会では、家庭用の掛け時計で二時間を計測し、そこからストップウオッチを作動させる方法が一般的だった。なんとも粗っぽいというか、大らかな測定だった。

もっとも、当時の成績は「名誉」に過ぎず、「莫大な収入」には結びついていなかった。

目で判断する難しさ

「目視に頼る計時」の問題点は、他にもあった。

国際陸連のルールによれば、ゴールは、「選手のトルソー（頭、頸、腕、脚、手、足を除く胴体部分）がゴールラインに到達したとき」となっているが、ベテランの計測員であっても、かなりのスピードで駆け込んでくる選手のトルソーを正確に判定するのは難しい。首なのか、胸なのか、わかりにくい。しかも、トルソーの周りでは腕が激しく動いており、ウェアや隣の選手の身体が邪魔をして、トルソー全体を把握しにくい場合もある。

また、選手のゼスチャーによって、着順判定員の印象が左右されることもある。疑念が最初に持ち上がったのは、一九二〇年のアントワープ五輪でのレースだった。

男子100メートル走でチャールズ・パドック（アメリカ）とモリス・カークシー（同）がほぼ同時にゴールインした。着順審判はパドックを一位と断定したが、測定タイムの結果はまったく同じだった。

競技関係者の間では、以前から「両手を高く掲げ、自分が先頭であることを誇示するパドックのポーズが、着順審判に強い影響を与えているのではないか」との疑念が持たれていた。

一方、タイムの計測員は自分の担当する選手の姿だけを目で追っており、他の選手と順位を比較する余裕はない。

それぞれの結果が同じタイムであるなら、同着であるはずなのに、着順審判は迷わずパドックを一位と判定したのである。客観的データでは同時だったにもかかわらず、着順審判は、「明らかな優位」と認めた。パドックのゼスチャーが、着順審判の判断要素に影響を与えたのかもしれない。「印象」を排除して、冷静に着順を判定する方法はないのだろうか。

フィルムによる写真判定の限界

一九三二年のロサンゼルス五輪では、一部の着順判定に写真判定装置が試用された。100メートル走で接戦になると、ゴールで先頭集団を「クロノシネマ」と命名された写真で撮影した。男子決勝では、エディ・トーラン（アメリカ）とラルフ・メトカルフ（同）の二人が同時にゴールインした。

観客の大半はメトカルフの優勝を確信した。ストップウオッチを持った計測員は選手一名につき三人が配置されていた。タイムは、メトカルフ担当が三人揃って10秒3、トーラン担当は二人が10秒3、一人は10秒4だった。

写真判定装置の撮影した画像には10秒38と記録されていた。八人の審判がこの写真を元に協議した結果、タイムで劣っていたトーランの優勝と判定した。当時のルールでは、「走者の胴体がゴールラインを完全に通過した瞬間」となっており、このルールが判定の決め手となったようだ。画像の検証後、「クロノシネマ」の考案者で審判委員長を務めたグスタフ・キルビーは「トーラン選手が500分の1秒早かった」と説明した。

この一件で、「胴体がゴールラインを完全に通過した瞬間」では、特定が曖昧との批判が噴出し、翌年の三三年に、ゴールの定義は現在の「トルソーがゴールラインに達したとき」に改められた。また、「クロノシネマ」は写真の現像に時間がかかるため、使用は特別な場合に限定された。

四八年に開催されたロンドン五輪では、着順とタイムを連動させるために、時間を画像に映し込んだ写真判定装置が試用された。

男子100メートル走の決勝では、ハリソン・ディラード(アメリカ)とノーウッド・イーウェル(同)がほとんど同時にゴールし、目視では着順も判定できなかったが、写真判定の結果先頭はディラードが10秒3でゴールインし、イーベルは二位で10秒4と判定された。

また、男子の4×100メートルリレーでは三位と発表されたイギリスチームが不服を申し立てたために写真判定を行った結果、イギリスチームが41秒3で二位、イタリアチームが41秒5で三位と修正された（『近代オリンピック一〇〇年の歩み』）。

写真判定装置は効果を上げたが、陸上競技の短距離走の一部にとどまっていた。フィルムを現像するには手間と時間がかかる上、システムとしての運用が確立していなかったため、数分ごとのレースにすべて導入することはとても無理だったからだ。

もっとも、電気を使って自動で記録を測定しようという研究は、相当以前からあった。

「一九七八年には、アメリカで競馬の馬を写真判定で行う試みがなされた。ゴールにトラックに横切る鳴子糸を何本も渡しておき、一本ごとにカメラのシャッターに連動させる。馬が通過して糸を切ると、自動的にカメラが作動する仕掛けだった」（ジャン＝ピエール・ボウェ「スポーツ計時技術の発達」）。

このシステムがうまく機能するには、①鳴子糸が馬の体によって、確実に切られること ②糸の切断によって、カメラのシャッターが確実に作動すること ③前のシャッター操作が完了したあとで次の糸が切られることが必要になる。

だが実際には、糸が切断されてもシャッターが作動しなかったり、接戦になるとシャッターが作動中に次の信号が入力されてスムーズに機能しないことが頻発したのではないかと推測できる。

計測する機械には高精度で計測が可能な電気システムを採用したが、センサーなど情報入力の段階は極めて原始的で、脆弱な仕掛けに依存しているのが残念である。また、「鳴子糸が切られることによって信号を送り、機械式シャッターが作動する物理的時間」を要するのでは、100分の1秒の違いを問題にする計時の時間単位の要求水準を満たせない。

日本でも一九〇二年の東京帝国大学の運動会で電気計時が実験され、100メートル走で10秒24のタイムが計測されたとの記録がある。しかし、計測の装置が大掛かりな上に、シャッターが作動準備の手間や測定から結果までに時間がかかったようで、その後に継続的に使用された痕跡は見つからない。

したがって、スポーツ計時の世界では、準備や取り扱いが簡便なストップウオッチによる手動計時が中心に行われていたのだ。

職人技が幅を利かせた時代

「神業」が求められたマカオGP

計時が電子化される以前の競技では、職人技がなければ計時できない競技もあった。その典型例が、自動車の周回レースだった。

現在では、車の番号（車番）を機械が読み取る装置が普及しているが、以前は人海戦術による目視で読み取り、光電子で測定したタイムに該当する車番を割り振っていた。自動車が一列縦隊でゆっくり走っていればさほど難しい作業ではないが、混戦レースになって、団子状態で走っていると、計時は混乱状態に陥った。

マカオで開催されていた自動車レース「マカオグランプリ」（マカオGP）での読み取り作業を、ほとんど一人でこなしたのが、セイコーでのちに「計時の神様」と呼ばれた浅原保明だった。

だが、「神様」の話の前に、マカオグランプリについて若干の解説をしておかないと、「神業」といわれる理由は理解されないだろう。

マカオグランプリは一九五四年から開催されている。当時ポルトガルの植民地だったマカオに住んでいた欧米人のモータースポーツの愛好家たちによって始められた。アジアで本格的なサーキットとなる鈴鹿サーキット（六二年開設）の前だったこともあり、観光客の誘致になることから、マカオ政庁が積極的に協力している。

レースは四日間にわたって、レース時間中は市街地の公道を封鎖して開催される。コースはマカオ港の直線道路を基点に、旧市街地の一般道約六キロを一〇回（予選）または一五回（決勝）周回するが、道幅が狭いところが多い上に、ヘアピンカーブや石畳もあり、世界有数の難関コースとして知られている。

チームワークで計時をこなす

セイコーはオフィシャルタイマー（公式計時）を一九六八〜七六年、八〇〜八一年に担当したが、既存の市街地でのレースであることから、極めて厳しい作業を強いられた。

通常、専用サーキットにはスタート／ゴール付近に高いコントロールタワーが建てられ、最後の200メートルくらいは完全に見通せるのだが、マカオの計時室は地上3メートルくらいの高さしかなく、視野は全体でも20メートル程度しかなかった。そこを時速100キロ前後の車が数十台も連なって駆け抜ける。

目で最後まで車を追っていると首を戻すのに時間がかかるので、正面に来るまでの約15メートルが勝負の区間だった。

車のタイムは光電管が自動で計測し、プリントアウトしてくれるので、人の作業は、車番の読み取りとタイムの照合作業が要となる。計時チームは役割を分担し、流れ作業で行うことにした。

読み取り班は浅原を中心に数名で構成され、浅原が読み取れなかった車は他のメンバーで埋めることによって、読み取りリストを作成し、照合班に送る。車は、フォーミュラーカーで二分半、量産車だと約四分で一周してくる。読み取り係の大声が飛び交い、まさに戦場と化した。

照合班はプリントアウトされたタイムに、読み取りリストの順位の早い順で、車番を充てていく。リストは整理班に回され、プリントアウトされたタイムは計算班に回される。

整理班は一二人で構成され、読み取り班の順位を精査するために、事前に用意したチャートを活用して、順位と車番を確認する。

計算班は車ごとのタイムを記録するのが仕事で、一二人が配置につき、二人一組のチーム五組と、読み上げ係二人（一人はチェック係）に分かれ、各チームは、あらかじめ割り当てられた五台ないし一〇台の記録を担当する。

読み上げ係は、照合班の作成したリストに沿って、車番とタイムを大声で読み上げていく。担当の車番が聞こえたら返事をして、車番の欄にタイムを記入する。レースが二周すると、タイムは二行になるので、隣に控えているもう一人は、二行目の数字から一行目の数字を引き算してスプリット（周回）タイムを記入していく。周回が増えるごとに行数も増える。

レース後に、チーフは整理班と計算班で作成される表で、各車の順位と周回数を照合するとともに、スプリットで異常に速いタイムがないかをチェックする。ここで異常が見つかると、各班の作業の過程を精査して、間違いを探し出す。

動体視力を高める訓練

大変な作業だが、ポイントは、なんといっても「車番の読み取り」の正確さにあるため、浅原はマカオグランプリが近づくと、動体視力を高める訓練に励んだ。

まず、朝夕の通勤時に、地下鉄のホームの中ほどに立ち、進入してくる電車の側面に記されている車体番号を読む練習をする。仕事でタクシーに乗る場合は、助手席に座って、対向車の車両番号を読む。近くに来れば正解がわかる。これを二〜三週間続けると動体視力が高まってくるので、今度はホームでの立ち位置を先端に移し、スピードが落ちきらない電車で試みる。

現地入りしてからは、実際の出場車を覚えるようにする。公開練習や公式練習では、適度の間隔を空けて走行するため、車の形、色、エンジン音の特徴などを観察することができる。これらのトレーニングを重ねても、レースになると団子状態になることが多く、なかなか満足のいく成果を上げることはできなかったという。

オフィシャルタイマーを引き受けた頃の車のスピードはまだそれほどでもなかったが、日産スカイラインが登場してから、スピードは格段に増した。さらに一度かぎりではあったが、「マカオ一〇一耐久レース」なる過酷なレースも開催された。ルマンの二四時間レースに対抗しようと考えたのか、連続して一〇一周を走る。午後の三時にスタートし、終了は夜の九時半頃になる。

長時間になって、食事にもトイレにも行けないこともさることながら、夜間には新たな問題が発生した。日没になると車の色を識別できなくなったばかりか、各車がライトを上向きで点灯するため、まぶしくて車の形が判別できない。しかも、道路の照明が不充分で、車番が読みにくい。レースコントロールに了解をとってコースを横断し、事前に引いておいた仮設の電話を使って、読み取り作業を続けた。幸いだったのは、この時点では、レースは四〇周を過ぎていたために団子状態はほぼ解消され、車の順位もほぼ固まっていたことだ。

これらの自動車レースでの過酷な計時は浅原の身体を痛めつけ、「神様」は七六年に計時中に倒れ、ヘリコプターで香港の病院に搬送されたことがある。救急車で搬送中もうわ言で車番を読み続け、マカオの病院に搬入された時の血圧は二三〇にも達し、なかなか下がらなかった。

マラソンを支える「運転の神業」

街中を走るマラソンレースでは、「運転の神業」にお世話になる。選手、役員車両、伴走車両、報道関係車両に挟まれ、計時車両は難しい運転を迫られるのだ。

マラソンレースには、選手と観衆のために、スタートからの経過時間を屋根上に掲げる計時車両が登場する。

今でこそ、選手は腕にパソコン並みの機能をもったレース用ウオッチを着け、自分のペースを確認できるが、七〇年代にはほとんど時計を付けていなかった。今日《こんにち》のように、軽くてタフでありながら、ストップウオッチの機能や音でピッチ、ペースを知らせる機能を持ったジョガー用のウオッチが開発されていなかったし、選手にも余裕はなかった。有名選手が「レースに出ればタダでジュースを飲める」との理由で、マラソンを選んだという時代である。

また、テレビ画面にも経過時間は表示できなかった。したがって、先頭を走る計時車や、途中の通過地点に停車して経過時間をリアルタイムで表示する計時車は、重要な役目を担っていた。

なお、計時車両の掲げる時間は、公式計時の時計とは連動しておらず、あくまでも選手や観衆への情報提供サービスである。

セイコーでは、トップランナーの集団に時間を伝える先頭車と、10キロ、20キロ、30キロ、40キロ地点で表示する車を用意したが、選手が通過した後の地点には必要がなくなることから、合計三台で使い回していた（当時は、スポーツに協賛する企業も少なく、車両も、ドライバーもすべて計時者の負担であった）。10キロ、20キロ地点で表示した車は、折を見て発車し、30キロ、40キロ地点

東京五輪（1964年）、男子マラソンの計時車両。この車両はトップ選手の通過タイムを掲示するのみ。右は2時間12分11秒2のタイムで優勝したアベベ選手。

に移動することになっていた。ところが、実際にやってみると、これがけっこう難しいのである。

私も添乗するまでは、車で走るのだから、ランナーの先回りをするのは容易だろうと楽観視していた。

選手は後方集団になるとバラバラになっているので、いつ見切るかの決心がつきにくいものの、ふんぎりをつけて、ドライバーに「じゃあ、そろそろ移動しよう」と指示を出して、裏道を走り出すのだが、ランナーは想像以上に速い。

自転車並みの時速20キロ前後のスピードを維持し、ノンストップで走るのに対して、当方は赤信号で停車し、マラソンコースのための交通規制を迂回しなければならない。

海外では、パトカーで誘導してくれる例もあるが、日本では計時車両はあくまでも裏方だ。路面の荒れた道路で急ぐと、精密機器である時計に影響が出たり、屋根上に仮止めしている表示装置に過度の負荷がかかったりしたら大変なので、スピードは出せない。そんなわけで、初体験では、危うく遅刻するところだった。

当時は、計時装置に無線機能がなかったので、計時車のスタート時刻はもっぱらラジオの時報に頼っていた。これは、計時車に限らず、大会運営自体も同様だったので、マラソンのスタートは、予報音からラジオの時報を受信できる「正午」に決まっていた。

レースコース上で車両同士が駆け引き

先頭車には公にはできない悩みがある。テレビ画面ではわからないのだが、レース中のトップランナーの前では、各種の車両が好位置を求めて、激しいつばぜり合いを演じている。

先頭は、先導する二台の白バイとトップランナーの間に、審判の車両、テレビの中継車、報道の記者・カメラマンを乗せた共同車両、計時車が走るのだが、どの車もトップランナーの直前を走りたい。

テレビの中継車は望遠レンズを活用し多少離れても大丈夫なのだが、報道車両は、選手の一瞬の動きや表情を捉えようと、なるべく接近したがる。そのため、とかく報道車両は計時車を邪魔者扱いにして、計時車を自分たちよりも前か、カメラの視界から外れるようにジェスチュアで要求してくるのである。

だが、計時車としては、正当な理由があり、その要求に素直に従うわけにはいかない。

まず、計時車には、レース中の選手に必要な時間情報を提供し続ける役割があり、競技運営そのものの一部を担った行動なのである。

そして、なるべくテレビ画面に露出させたいとの願望がある。大会の計時支援は無償であり、企業としてはピーアール効果で経費を回収しなければならない。

テレビ局側は、企業名の露出をなるべく避けようとするので、こちらとしては「テレビ側が避けきれず計時車がテレビに映ってしまう」ように行動したいのだ。

ほんのわずかの時間でも映るために、報道車両との駆け引きや好位置の確保が必要になる。そこで必要なのが、「0・5秒遅れてカーブを曲がる」「コーナーを近回りする」など、通常の運転とはまったく異なる「神業」の運転テクニックなのだ。

しかし、後からマラソンの計時に参入してきた某社の大胆な行動には驚いた。何と先頭の計時車を、トップランナーの後ろに走らせるようにしたのである。たしかに、これならば、他の車両との駆け引きの必要もなくなるだけでなく、テレビ画面への露出も飛躍的に増える。

広報マンだった私は、「これだ」とひざを打ち、計時担当部門に駆け込んだ。ところが、「計時の神様」の発した言葉は冷静だった。

「計時車は何のために走っていると思っているんだ。トップランナーから時間が見えなくてどうする」

朝になって突如変更されたマラソンコース

マラソン競技に「世界新記録」はない。あるのは、所要時間での最高タイムとなる「世界最高記録」と「コース記録」だけだ。

短距離走の行われるトラックは、コースの幅やカーブなどに決まりがある上に、風速などのチェックで環境はほぼ同一条件が確保されるのだが、一般道路を使用するロード種目では距離以外の環境条件がまちまちだからだ。

マラソンレースの距離が42・195キロになったのは一九二四年からで、一八九六年の第一回のオリンピックでは40キロ（優勝タイムは2時間58分50秒）、一九〇〇年の第二回大会では距離が40・26キロに伸ばされた。続く一九〇四年には、再び40キロに戻された。交通規制が行われなかったので、気の毒なことに選手は車の往来から身を交わしながら走った。車の往来が気になって、記録どころではなかったことだろう。42・195キロが採用されたのは一九〇八年（ロンドン大会）で、一九二四年から定着した。

距離は一定でも、郊外の直線距離の長いコースもあれば、ロンドン五輪のように、街中《まちなか》でカーブだらけのコースもある。平坦が続くコースもあれば、ボストン・マラソンのように「心臓破りの丘」と呼ばれる長い登り坂の続くコースも存在する。

このことから、国際陸連は二〇〇二年にルールを改正し、①スタートとゴールの二点間は、直線距離で全体の五〇パーセント以内　②高低差は一キロ当たり平均一メートル以内、との規定が加えられた。

これには、高記録が期待される「直線の片道コース」や、勾配の大きい下り坂のコース設定を排除する目的もあった。

現在、男子マラソンの「世界最高記録」は、パトリック・マカウ（ケニア）が一一年九月二五日のベルリンで出した2時間3分38秒。女子マラソンは〇三年にポーラ・ラドクリフ（イギリス）がロンドン・マラソンで記録した2時間15分25秒である。

マラソン好きの海洋学者、スタンフォード大学のマーク・デニー教授の試算によれば、男子の限界は2時間0分47秒と推定されている。女子は2時間14分58秒で、ラドクリフの世界最高記録はすでに「限界」に近いことになる。

ところで、国別対抗の要素が強い国際競技では、愛国心をかき立てられることも事実で、マラソンでも、自国の選手が有利になるようにと、とんでもない〝計らい〟のあったケースもある。中東のある国では、大会の当日にコースが変更された。前日まで、各国選手は発表されたコースで、下見をしたり、練習に余念がなかったのに対して、開催国の選手だけは別のコースを走っていた。他国の選手たちは不思議そうに思っていたが、夜が明けると疑問は氷解した。当日発表になった正式コースは、なんと開催国選手の練習していたコースだった。明らかにスポーツマンシップに反することで、実際にやられてはたまらない。

白バイが選手と正面衝突

競技場の外を走るロードレースに特有のトラブルを、ひとつ紹介しておこう。レース中に白バイが選手と正面衝突し、ゴール目前の選手が大けがをして競技を続けられなくなったケースがあった。

事故は一九八一年、フィリピンの軽井沢とも言われるバギオで起きた。

南東アジア競技大会（ＳＥＡゲームス）の自転車競技のロードレース国別対抗戦で、ゴール付近に人が集まり、混乱状態になっていた。ＳＥＡゲームスは、日本や中国など強豪国の参加がなく、参加国はメダル獲得の可能性が高いため、地元地域では人気の高い競技会だ。

その日の自転車レースでは、観客は途中まで歩道で観戦していたが、次第に車道に出てくる人数が増え、収拾がつかなくなったことから、警備にあたっていた軍が、若い兵士を百名ほど動員して車道を確保するために道の両側に並ばせた。

ところが、若い兵士たちは、レースへの興味を抑えられず、選手を見ようと少しずつ前に出た。後ろに位置する兵士は、前の兵士が妨げになることから、さらに前にせり出した。当初は二列が平行に並んでいた隊列が、一〇分もすると、ゴールをふさぐような形の八の字になり、ついにはゴールラインも見えなくなった。

そこで投入されたのが、警察のオートバイだった。青い回転灯をつけた大型バイクが、ゴールから出発して群衆をかき分け、選手を先導することになった。一位の選手が、次いで二位の選手が、少々もみくちゃになりながらも、何とかゴールインできた。

二位の選手をゴールさせた白バイは、次の選手を気にしたためか、かなりのスピードで引き返していった。

悲報は間もなく、ゴールの計時室に伝えられた。最後の丘の頂上付近で、白バイが三位のマレーシアの選手と正面衝突し、選手は病院に運ばれたというのである。

われわれは対応を仰ぐために大会の計時責任者を探したが見つからない。しばらくして姿を現した彼の行動を問い直すと、さらりと「レストランでコーヒーを飲んでいただけだ」という。

夕方のラジオニュースによれば、マレーシアの選手の三位入賞は認められた。タイムはなく、三位の着順だけが確定するという異例な記録となった。

第2章

公式計時《オフィシャルタイマー》を勝ち取れ!

手動から電子へ計時の革新

東京で「科学のオリンピック」

一九六四年（昭和三九年）一〇月一〇日、東京・代々木の国立競技場で、第一八回オリンピックの開会式が行われた。

東京五輪は、日本の近代史を語る上で欠かせない出来事だ。戦後からの復興をがむしゃらに進めてきた日本が、先進国の仲間入りを果たすための登竜門だった。戦後の日本が初めて開催する国際的ビッグイベントであり、技術と組織力で成功させ、日本の力量を世界にアピールすることが期待された。

結果は大成功で、日本は国際社会から称賛されたが、オリンピックの歴史にも新たな成果を加えることができた。

その一つはオリンピックを機にテレビの生中継技術が進み、世界中の人々が茶の間で競技をリアルタイムで楽しめるようになったこと。

もう一つはクオーツ時計と電子計時システムによって、オリンピックの計時を革新したのである。

国内企業で務まるのか？

東京五輪の開催が正式に認められたのは、一九五九年五月二六日、ミュンヘンで開かれたＩＯＣ（国際オリンピック委員会）総会だった。

五輪開催は日本にとって長年の悲願だっただけに、国中が喜びで沸きかえった。それを受けて、東洋初のオリンピックを招致するために活動していたオリンピック招致委員会は六月一一日に解散し、九月三〇日に官民合同の東京オリンピック組織委員会が立ち上げられた。同委員会は日本の独自性を打ち出そうと、スローガンに「科学のオリンピック」「国産品によるオリンピック」を掲げ、産業界もその期待に応えようと熱が入った。

一一月三〇日になると、組織委委員会は東京オリンピック電気測定部会を開いて、「国産品によるオリンピック」を呼びかけた。このとき呼ばれたのは、時計メーカーのセイコーと数社の電機メーカーだったが、電機メーカーのＴ社とＨ社は計時にも名乗りを上げた。

当時のセイコーには「スポーツ計時」に対する知識もなかった。大戦中に多くの生産設備を失ったことから、一般商品の開発・生産で世界のトップレベルに追いつくのが精いっぱいで、スポーツ計時に取り組んでいる余裕もなかった。

国内の時計需要は急速に伸び、国内でのシェアは圧倒的だったが、世界でのブランド認知度は低く、輸出には苦戦していた。

たしかにストップウォッチも製造し、月に五〇〇〇個ほどを販売していたものの、その用途は、予算の制約が大きい学校の課外活動や運動会での使用で、全国レベルの競技大会では、実績と信用で勝るスイス製が幅を利かせていた。

写真判定など未知の電子分野

オフィシャルタイマー（公式計時）に採用されるためには、クリアすべきハードルは高かった。組織委員会の説明によれば、①IOCと各国際競技連盟の規格と必要条件を満たすこと ②計時機器は国際検定と国家検定をクリアすること ③国内の主要競技会で事前に使用し、最終的には前年一〇月に開催される東京国際スポーツ大会（いわゆるプレ五輪）において実地で使用し、各競技団体の技術役員からの認証取得、を条件とする。

許された時間は、本番まで数えても五年弱しかない。世界最高水準の規格をクリアし、各国際競技連盟の承認を取るとともに、プレ五輪で実際に使用し、各競技団体の技術役員からのお墨付きも得られなければ、最終の認証は出さないという極めて厳しい条件が示されたのである。

組織委員会の関係者も、立場上、公式的な説明を行ったものの、果たして国産品が間に合うのか、心配だったようだ。

国際陸連は、参加選手が増え競技のレベルが高くなったことから、東京大会では写真判定装置の実用化を要望してきた。「手動計時」は従来の機械技術の世界だが、写真判定装置は電気（電子）技術の世界になる。

東京の組織委員会は「科学のオリンピック」のテーマに合致することから新技術の導入に積極的だったが、新規参入を考えるオフィシャルタイマーには大きな負荷となった。なにしろ、初めてのオリンピックで、それまでの大会の計時レベルをやり遂げるだけでも大変なことなのに、前人未到の革新的な技術と新しいシステムの導入が必要になる。

しかも、開発のコストとリスクはすべて応募企業側が持つだけでなく、完成品は買い上げてくれるどころか、すべて無償で提供することになる。

オリンピックへのSEIKOの挑戦

「東洋の時計王」と呼ばれた服部金太郎

ここでセイコー（SEIKO）グループについて説明をしておこう。

SEIKOの創業者である服部金太郎がこの世に生を受けたのは、一八六〇年（万延元年）。日本の時計産業は一八七三年に一から出直しになっていた。明治政府の文明開化の一環で、暦の改暦とともに時刻制度が不定時法（季節によって時間の長さが変化）から定時法（年間を通じて時間の長さは一定）に変えられたことで、不定時法に基づいた日本独自の和時計を基本にした時計産業は「出直し」を迫られたのである。ほとんどの時計職人は職を失い、欧米の時計が輸入され、国内の市場を席巻する。

開国によって、日本社会は急速に発展を始めたが、金太郎は時計産業の将来性に魅かれ、一五歳になったのを機に時計店に年季奉公に入り、時計修理の修業を積んだ。

修理業で貯めた一五〇〇円の資金をもとに、一八八一（明治一四）年、念願の「服部時計店」を、東京都京橋区采女町《うねめちょう》（現在の銀座松坂屋の裏）に開く。金太郎二一歳である。

この時期でも、時計はほとんどが欧米からの輸入品だった。時計商人が横浜と神戸に開設された外国人貿易商の経営する商館から仕入れた商品を卸や小売りしていたが、わずかな技術を持った時計商や事業家が、欧米の時計をモデルに小規模な製造（主に掛け時計）を手がけていた。

金太郎も開業当初は先輩の時計商から商品を仕入れて顧客に販売していたが、やがて販売量が増え、外国商館と直接取引ができるようになった。外国商館の代金決済は一か月後と決められていたものの、日本では「盆暮れ決済」が慣習化しており、ほとんど守られていなかった。ところが、金太郎は忠実に決済したことで外国商館から信頼され、売れ筋商品や新製品を優先的に回してもらえるようになり、店は大いに繁盛した。

時計の普及が進み、販売が急速に伸び出したこともあって、金太郎は時計製造への意欲を燃やし始める。業界で天才技術者との呼び声の高かった吉川鶴彦を技師長に迎え入れ、本所区石原町（現・墨田区）のガラス工場跡地を買い取って、一八九二年に精工舎を設立した。創業期は苦難の連続で、輸入時計で得た利益をすべて精工舎の赤字補塡につぎ込む状態だった。

当時、日本の時計メーカーは、部品メーカーから当用買い（さしあたって必要な分だけを買う）の部品で組み立てていたため、品質にはムラがあった。精工舎は部品を内製化して一貫生産をしたので、価格は高くなるものの、品質は安定した。それによって、精工舎の製品は市場で支持を獲得していった。

金太郎は、販売が好調でも慢心せず、製品開発に注力した。金太郎の誠実さと先進技術を重んじる経営姿勢は多くの消費者の信頼を得て事業は拡大し、一代で「東洋の時計王」と呼ばれるまでになった。

金太郎は一九〇〇年（明治三三年）一〇月から翌年二月まで欧米の時計事情を見聞して回った。米国では二大メーカーのウォルサム（職工二五〇〇人、生産量一日二五〇〇個）とエルジン（同二五〇〇人、生産量二〇〇〇個）などを見学し、生産現場の規模と資本金の大きさに驚嘆している。スイスでは地域全体が時計産業に関与し、分業体制が確立していることに感銘を受けた。その結果、米国とスイスの生産方式を折衷できれば、時計産業が日本に定着できるとの考えを披露している（『東京日日新聞』明治三三年二月一六日付朝刊「服部氏の欧米時計業視察談」）。

また、営業の本店とするために銀座尾張町（現・銀座四丁目）の角地に立っていた新聞社の土地建物を買い取り、和洋折衷の上層階と屋上の時計塔を増築（六階建てに相当）して一八九六年に開店。高層建築物の少なかった銀座でシンボル的存在になった。

日本にも「腕時計時代」が来る

金太郎は常に「半歩先を歩め」の言葉をモットーに、仕事に励んでいた。「一歩先では行き過ぎる。半歩先がちょうど良い」との考えに、金太郎の「進取の精神」と人々の動向に配慮する注意深さのバランス感覚を見てとれる。

一九一一年（明治四四年）に、服部時計店はロンジンと日本における販売代理店契約を結ぶが、金太郎はロンジンを選択した理由について、「名声に溺れることなく、絶えず新しい技術開発に意欲的に取り込む企業姿勢こそ、日本が見習うべき姿勢である」と答えている。ちなみに、服部ファミリーは長らくロンジン一族と友好関係を大切に保ち、ロンジンの経営者が代わる一九七〇年代まで販売代理店を継続した。

二〇世紀に入り、欧米では実用的な腕時計が普及を始め、金太郎はわが国にも近い将来に腕時計の時代が到来すると確信し、技術陣に開発を指示した。そこで開発されたのが一九一三年に完成した国産初の腕時計「ローレル」だった。この頃の精工舎は毎年のように工場を拡充し、一九一六（大正五）年度の規模は、「職工数が一四七二人、各種時計生産高は七七万三七一九個にのぼって、文字どおり東洋一の近代的時計工場に発展していた」（『精工舎史話』）。

ところが、一九二三年（大正一二年）九月一日に関東地方を襲った関東大震災は、服部時計店と精工舎に壊滅的な被害をもたらした。銀座二丁目の本店仮店舗（四丁目の本店は建て替えのため取り壊し中だった）は全壊し、精工舎では二〇数棟（延べ約二八〇〇坪）の工場が約七時間にわたって燃え続け、給水塔以外が全焼した。損失は建物一〇〇万円、機械六〇〇万円、原料・製品・仕掛品一五〇万円の合計八五〇万円にも上った（『東京震災録』東京市役所／一九二七年）。

特筆すべきは、本店で預かっていた約一五〇〇個の修理品も焼失させてしまったが、金太郎は新聞紙上で事情を説明し、依頼者に同等の新品で弁済したことだ。これは美談として紹介されたが、金太郎の誠実さを示したことで、人々の信用はさらに高まった。

生産手段のすべてと多くの財産を失ったため、生産開始までには相当の時間がかかると見られていたが、金太郎の士気は高く、ただちに再建にとりかかった。復旧作業は急速に進み、一部の機械は翌年一月から稼働を開始し、三月には掛け時計、一二月には腕時計の新製品「セイコー」を世に送り出したが、製造工程も大幅に近代化された。震災前は図面も描かれず、職工の経験と技能に頼っていたが、新たに導入した先端の計測器や設備をもとに設計図面が引かれ、製造されるようになった。

「セイコー」に決まる前は「グローリー」

再開後初めての新製品の名称は、震災前に「グローリー」（栄光）と命名されていたのだが、「震災で建物がゴロリと倒れるようでイメージが悪い」とのことで急遽「セイコー」（精巧・成功）が充てられることになった。後に世界のブランドになった「ＳＥＩＫＯ」誕生のエピソードだ。

この時期、銀座四丁目では本店の基礎工事が進行していたが、大震災を機により強固な設計に変更され、結局一〇年以上もかかって、一九三二年（昭和七年）に地下二階、地上七階に九メートルの時計塔つきビル（現・和光）が完成している。外観はネオ・ルネッサンス式の建築様式で統一され、その優美な姿から、「銀座の女王」と呼ばれて人々に親しまれ、銀座を象徴する建物となった。ちなみに、使われた鉄骨は一〇六〇トン、鉄筋五二〇トンで、建設費は七八万八三七〇円（清水組工事経歴書）に膨れ上がり、建設作業員は延べ人員で約九万人に及んだ。

金太郎は、銀座の本店の完成、工場・精工舎の復興と興隆をみずからの目で確かめたものの、翌年には病に倒れ、一九三四年にこの世を辞している。

この間、「本業一筋」を貫きつつ、財界活動にも勤《いそ》しみ、日本初の生命保険事業となった第一生命の立ち上げや、田園調布の開発事業など、多くの事業にも物心両面の協力を惜しまなかった。その結果、一九二七年には日本の産業界に貢献したとの理由で貴族院議員に勅選され、数々の勲章も受章している。

また、一九三〇年には自分が事業で大成できたのは国家・社会の恩恵の賜物との信念で、私財三〇〇万円（本店の建設費と比較すると、その価値が理解できる）を投じ、学術研究や公益事業への奨励援助を行うための財団「服部報公会」を設立している。

グループ内に競合メーカー

社長の座が、長男玄三《げんぞう》に受け継がれると、新社長の服部玄三がまず手がけたのは、第二精工舎

（後のセイコーインスツル）の設立だった。

当時の日本は戦争への道を突き進み、精工舎は精密機械技術を保有していたために軍の管理工場に指定され、軍発注の時計や軍需品の製造で繁忙を極め、時計生産はままならなくなっていた。そこで玄三は江東区亀戸町に九三七七坪の土地を確保し、一九三七年（昭和一二年）に精工舎から分離したウオッチ（懐中時計・腕時計）を生産するために第二精工舎を設立した。

戦争が激しくなると、錦糸町や亀戸も爆撃の対象になったことから、工場の疎開を進めたが、その一つが諏訪に疎開した第二精工舎の分工場だった。戦火によって甚大な被害を被ったが、終戦でセイコーも製造体制の復興をめざし、一九四六年（昭和二一年）に経営のトップは玄三から実弟の服部正次《しょうじ》にバトンタッチされる。第二精工舎は五か所に疎開していた分工場を順次亀戸に戻したが、諏訪工場だけは地元からの強い要望で、そのまま残すことになった。

一九五一年には戦前の生産能力にまで回復できたが、正次が力を入れたのは品質・技術の向上で、「スイスに追いつけ、追い越せ」のスローガンが掲げられた。グループ内に競合メーカーを育成することを目標として掲げ、一九五九年、諏訪工場と第二精工舎の下請け会社だった大和工業が合併し、新たに諏訪精工舎（現セイコーエプソン）が設立された。ウオッチの開発・製造は二社体制になり、「世界一の時計づくり」を目指した。

以降、腕時計分野では競合関係になり、服部時計店の提示する仕様書により良い製品を開発したほうが採用され、製品の製造を担当する仕組みができあがった。

第二精工舎と諏訪精工舎は、生い立ちが兄弟会社でありながら、経営、人事、研究開発もまったくの別建ての別会社となって、競争姿勢を強めていく。両社の対抗姿勢は激しく、競争の対象は他社ではなく、互いの精工舎に向けられていた。

第二精工舎は日本のウオッチ技術をリードしてきたこともあって、小さな機械体を製造することに長けており、婦人用ウオッチを得意としていた。諏訪精工舎は紳士用の高精度品の開発で力量を発揮した。社歴が新しいこともあって新技術の開発に貪欲で、一九六九年にはクオーツウオッチの開発に世界で初めて成功した。また、オリンピックの計時のために開発したプリンターがコンピューター時代を迎えて脚光を浴び、事業としての成功を収め、情報機器分野の事業が急成長した。

精工舎、第二精工舎も精密機械技術と電子技術を融合させたマイクロエレクトロニクスの分野の事業を、大きく拡大することができたのである。

オリンピックで業容一変

時計ビジネスも、オリンピックによって大躍進を遂げた。それまで国内市場はともかく、輸出には苦戦をしていたが、「世界のトップブランドとして認知されて、海外から注文が殺到するようになった」（当時の輸出担当者）と言う。事実、オリンピック前年の一九六三年には六〇万個に過ぎなかったウオッチの輸出は、六五年には二三〇万個、六六年には三三八万個に急増している。しかも、オリンピック以前の仕向け地はもっぱら東南アジアだったが、以降は欧米など全世界に拡大している。

このように、東京五輪によって、セイコーの企業集団は業容が大きく変わった。オリンピックまで売上のすべてが時計事業で終始していたが、オリンピックによって事業内容は一変し、時計事業は海外のウェイトが高まる一方、格段に規模を拡大したメーカー三社の売上は、マイクロエレクトロニクス分野に拡大するようになった。

服部時計店は一九八三年に社名を服部セイコーに変更したが、一九九六年には精工舎がクロック（掛け時計・置き時計・目覚まし時計）部門のセイコークロックと、電子部品部門のセイコープレシジョンの二つの企業に分割された。二〇〇一年には服部セイコーが持ち株会社のセイコー（二〇〇七年にセイコーホールディングスに社名変更）と、ウオッチの企画・販売会社セイコーウオッチに分割化された。また、二〇〇九年にはセイコーインスツルの経営をセイコーホールディングスに吸収している。

竹を割ったような潔さ

さて、話は服部正次の社長時代に戻るが、正次の性格はワンマンでせっかちだが、竹を割ったような潔さで、意思決定が早かった。長らく服部時計店の財務・経理担当役員として正次を支えていた最上務の弁によれば、「精悍で、負けず嫌いであり、かといって、案外、繊細な人でした。吉川英治の『太閤記』に出てくる信長の強い気性があるかと思うと、人情の機微をつかんだ方」(勝田健『スイスを食った男たち』経営ビジョン・センター/一九八一年刊)と証言している。

正次のこのような性格は企業経営にも反映し、失敗を恐れずに果敢に経営にあたったこともあって、この時代のセイコーはアグレッシブな企業集団だった。

頻繁に海外視察に出かけたが、昼間は現場を回って最新情報に触れ、夜は各地のロータリークラブの会合に出席して視野を広げた。新たな技術動向や市場の話題の収集に努め、気になる情報には精通している技術者を派遣して、先端技術の的確な情報収集を心がけた。セイコーの企業体質は「純粋培養」型で成長してきたが、正次の「外部情報・技術の導入」は、現場に刺激を与え、発想や戦略の転換につながった。

また、海外の名品を日本に紹介することにも力を入れ、ダイヤモンドでは世界トップブランドのロイヤルアッシャー、シックのカミソリ、世界初のプラスチック製メガネレンズの輸入販売代理店を服部時計店で行ったほか、諏訪精工舎で日本初のプラスチックレンズの製造も始めている。当時の日本では、ガラス製が全盛で、「メガネレンズにプラスチックなんて……」という時代だったが、昨今では「厚くて重く、割れやすいガラスなんて……」となっている。当初は米国の技術を導入したが、諏訪精工舎の精密樹脂加工技術が役に立った。

正次は、ビジネスを長期的観点で考え、相手との信義を重んじる姿勢を貫いていた。ロンジン、ロイヤルアッシャー、シックの販売代理店はいずれも数十年にわたり、特にシックのカミソリは本業とはまったく関連性がなかったが、市場では他社を圧倒した。

時計分野で、世界の有力ブランドに引き上げるのに正次が振るった采配は、①世界トップレベルの精度への挑戦　②オリンピックのオフィシャルタイマーを成功させて世界にアピール　③世界初のクオーツウオッチの開発の指揮、だった。どれも、全社あげての対応が必要なレベルの挑戦だったが、なかでもオリンピックのオフィシャルタイマーは、もしも失敗していたなら、ＳＥＩＫＯのブランドは、間違いなく世界から消えていただろう。それほどのリスクがあっただけに、オーナーの決断力が結実した経営だった。

商いで嘘はつくな

私は、晩年の正次が社長職にあった頃に服部時計店に入社した。当時の平社員にとっては「雲上人」の存在だったが、社内にいきなり出没し、事実を担当者に直接確かめ、責任者を叱責することも多く、社内では恐れられていたが、興味深いエピソードも数多く聞いた。

その一つは実践主義で、自分で確かめないと、納得しない性格だった。製品開発では、ジューサーが完成した時に担当役員が報告に行くと、目の前で「実際にやってみろ」と言う。しかし、当時の本社の京橋はオフィス街で近辺に八百屋はなく、何人もの社員がニンジンとセロリを求めて駆けずり回ったとの逸話が残っている。

二つ目は、「嘘はつくな」ということである。営業担当者が販売代理店に、構造を強化した目覚まし時計を売り込んでいた時の話だ。担当者が「落としても壊れない」と説明していたところ、たまたま通りかかった正次が小耳に挟み、「本当か?」と言うなり時計を取り上げ、壁に投げつけた。無残にへこんだ現物を見て、「壊れるじゃないか。嘘をつくな」と言って去ったそうだ。担当者は、「壊れにくい」と説明すべきだったのである。正次は疑問に思った情報を自分で確かめ、「嘘」は許さなかった。

たしかに、社内では仕事で成果を上げても、褒められることはほとんどなかったが、嘘は厳しく咎《とが》められた。正次も金太郎の「商道における誠実さ」の精神を受け継いでいたのだろうが、同時に専業メーカーとしての覚悟もできていた。総合メーカーは消費者に何かを購入してもらえれば社業は続くが、専業メーカーは今のユーザーにまた時計を買ってもらわなければ事業を継続できない。つまり、現在のユーザーに嘘をつくと信用を失い、企業は存続できないのである。

三つ目は、子供のような純粋さで、周りを困らせた。社用に使っていた車はキャデラックだったが、他車に追い抜かれると、「世界一の性能を持っている車が、なんで他の車に抜かれるんだ」と機嫌が悪くなり、運転手は気が抜けなかったという。

服部時計店では「恐れられていた存在」だったが、工場では技術者に「優しい」経営者だったという。時計事業を支える技術の重要性を認識していたからだろうが、自社の技術に溺れることなく、新しい技術の導入にも積極的で、技術に対しては謙虚で真摯な姿勢で臨んでいた。

「ツルの一声」で決まった五輪の計時

重要なのは、正次の決断がセイコーをオリンピックのオフィシャルタイマーに挑戦させ、経営者としての采配が成功に導いたことだった。

正次は一九六〇年四月に、海外出張中だった精工舎の生産技術課長横山雄一（後の同社社長）とミラノに留学中だった三ツ木淳に電報を送り、ローマに回ってオリンピックを視察し、各競技の計時装置を調査するよう指示を出した。海外旅行が自由化されておらず、企業としても、簡単に海外出張させられる環境になかったことから、海外に出ていた両名への指示となった。ちなみに、当時の精工舎の位置づけは服部時計店内の組織であり、グループ本社の技術課長を充てたことになる。

横山は当惑しながらもただちにローマに向かって、なるべく多くの競技会場を回って計時機器を観察し、計時に関する本を購入して日本に戻った。精工舎と服部時計店で何回も報告をさせられたが、役員会ではオフィシャルタイマーを引き受けるのには消極的な意見ばかりが出された。

「わずか三年間で、スイス並みのストップウオッチを開発できるだろうか」

「すべての競技の計測・表示装置を開発すると費用は莫大なものになるが、回収はできるのか」

「世界の檜舞台で失敗すると、世界中に知れ渡ることになりＳＥＩＫＯのノレンにキズがつくが、大丈夫か」

質問は数多く出るものの、的確な回答は見つからなかった。社内では誰も経験がなく、わからないことばかりだった上に、プレ五輪までに残された時間は三年強しかなかったからだ。しかし「正次社長は前向きでおられるようだ」と伝わっていたこともあって、役員会では何度も議論が蒸し返されたが、結論はいつも先延ばしにされた。

ところが、そんな様子を聞きつけた正次が、幹部の集まっている会議にやってきて、言った。

「どの役員のやりたくないと思っている奴ばかりだから、これ以上いくら話し合っても時間のむだですよ。私はやると決めています」と言い残して帰っていった。

オーナー社長が明言した以上、結論は明白だった。準備もないままに、「ツルの一声」でオリンピックのオフィシャルタイマーへの挑戦が決まったのである。それからの社内の議論は、「どうすればできるか」だけを前提にして突き進んだ。

開発分担に絶妙な采配

一九六一年に入ると、各社はオリンピック担当を置き、器材の完成目標を六三年九月と決めた。服部時計店（企画・販売会社）と製造三社（精工舎、第二精工舎、諏訪精工舎）で開発・支援の担当は一五〇人余りに及んだが、正次は開発の分担にあたっては、各社の企業風土を見極め、オーナーならではの絶妙な采配を振るった。

兄貴分の精工舎には最大の責任を課し、それまでのオリンピックの計時と同等の計時機器の開発を、次男の第二精工舎には従来技術ながら「半歩」進んだ機器の開発を、社歴の浅い三男の諏訪精工舎には未来技術の先端機器の開発を命じた。つまり、オーソドックスな技術で組織委員会の要求をクリアする一方で、リスクを冒して先進技術にチャレンジしたのである。

具体的には、精工舎にはクロックのノウハウを生かして、競技場や体育館の大時計、得点表示板などサイズの大きいもの、ウオッチの開発・製造を行っていた第二精工舎には、陸上、水泳用のストップウオッチと競泳用の電子計時装置を、主に男性用ウオッチを製造していた諏訪精工舎には、クロノメータークロックやデジタル技術を駆使したプリンティングタイマー（精工舎との共同開発）の開発を命じた。また、プリンティングタイマーは別方式での開発を第二精工舎に命じている。

機器の開発にあたっては、まず競技のルールを一から学んで開発を進めたが、開発は一筋縄では行かず、容易ではなかった。それまでの製品とは使用目的も、使い方もまったく異なり、発想を変えた取り組みが必要だった。

まず精度面では、「科学のオリンピック」にふさわしく、次世代の時計と目されたクオーツ時計（水晶＝クオーツを発振器に使用した時計。機械式時計の約一〇〇倍の時間精度を持つ）を標準にしたのが大きな特徴だった。

精工舎では五八年に、放送局用のクオーツ時計を完成させて中部日本放送に納入するなどの実績があったが、まだIC（集積回路）が誕生する前で、真空管を使用したため、サイズは事務所の大型ロッカー並みだった。しかも、恒温槽《こうおんそう》（長時間一定温度を保てる容器）のために多量の電力が必要で、交流電源に接続しなければならないことから、持ち運びはできなかった。

そこで、1秒でも試合が逆転する可能性のあるバスケットボールや、採点の減点対象になる体操競技などに使用する時計にはクオーツ時計を採用し、サッカーやホッケーのように試合時間の管理は審判に任されている競技では交流式の電気時計を使うことにした。

また、マラソン、競歩、ヨット、自転車ロードレース競技など長時間レースには、持ち運びのできる小型のクオーツ時計を開発した。それまでのストップウオッチは10分の1秒単位の時間を計測できても、計測可能範囲は30分までが主流で、1時間を超える競技には使えなかった。当時

初の持ち運び可能なクオーツ時計「クリスタルクロノメーター　QC-951」。外形寸法：(W)160×(D)200×(H)70 mm、重量：3.0 kg。単一乾電池２本で１年間作動。

の国内のマラソン大会では、家庭用掛け時計を持ち出して二時間ないし二時間半を計り、そこからストップウオッチを作動させるのが一般的だったが、長時間になれば時計の精度が記録に与える影響が大きくなる。

開発に取り組んだのは、諏訪精工舎だった。まず、恒温槽を不要にするために、温度補正機能を組み込んだ水晶発振器を開発し、次に水晶振動子から取り出した電気信号を針の回転運動に変換するために、小型で効率の良いモーターを開発した。さらに、真空管の代わりにシリコン型トランジスターを採用することで、体積を大幅に減らし小型化することができた。

それによって、一〇〇～一五〇ワットも消費していたクオーツ時計の消費電力が、わずか〇・〇〇三ワットにまで低下し、電気コード不要の乾電池で動くクオーツ時計が誕生した。

最終的には、サーモバリコン（温度補正装置）を使って、百科事典一冊並みのサイズにまとまったクリスタルクロノメーター時計が完成し、一日に〇・二秒以内の時間精度ながら、どこにでも持ち運べる世界初のポータブル型クオーツ時計、セイコー「クリスタルクロノメーターQC951」ができあがった。

一方、わかりやすい表示にも腐心した。もともと時計メーカーでは「小さくつくること」が評価されるのだが、競技場はどこも広く、大きな時計にすることも必要だった。大きな時計をつくるには、素材、強度、耐久性など新たな課題を解決する必要に迫られた。また、観客から見やすい数字の大きさを決めるため、サイズの異なる数字を紙に書いて機械に仮止めし、さまざまな場所から確認する作業なども行った。

気がつけば、電機メーカーからは、オフィシャルタイマーの声は聞かれなくなっていたが、スイス勢はセイコーがオフィシャルタイマーを断念するものとタカをくっていたようで、某社からは書面で「いつでもお手伝いをする」旨の意思表示が寄せられていた。

目視に代わる「電子の目」

着順とタイムが連動

東京五輪では、400メートルまでの短距離走では電子計時システムを主にして、手動計時をバックアップに使い、それ以上の距離では手動で計時した。

過去にも、着順だけを写真で確認したり、一部のレースだけに写真判定装置を使用した大会はあったが、全レースに写真判定を採用したのは初めてのケースだった。

「(…) 大会の数年前に国際陸連で本決まりになったが、日本ではすでに競馬・競輪の順位判定のための装置の実績があった。しかし、この装置は順位判定のための装置であり、100分の1秒単位の時計と同調させるのには大変な苦労があった」(日本陸上競技連盟特別委員川田清八『競技運営の変遷』「日本陸上競技連盟七〇年史」)。

計時には、決められた時間に間違いなく稼働させるに充分な信頼性が必要な上、予選レースの間隔は短いので、短時間にレースの結果を処理し、次のレースの準備を整えなければならない。

陸上の短距離走における電子計時システムの仕組みは次のとおりだ。スターターがスタートピストルの引き金を引くと、爆発音が鳴ると同時に、内蔵されている接点からの電気信号でタイマーがスタートし、時間信号で写真判定装置と観客用の大時計が動き出す。

ゴールでの写真判定装置は、今日《こんにち》競馬で行われている写真判定と同様だ。カメラのレンズの後ろに幅〇・一ミリほどの隙間を設け、シャッターを開放状態にして、フィニッシュ・ライン上の垂直面だけをスリット画像で連続撮影する。フィルムを走者の速度と同じ速さで動かすことにより、フィニッシュ・ライン上を通過する走者の画像が連続的に写る。

撮影後のフィルムはただちに現像され、30秒後には陰画、三分後には陽画が決勝審判と記録委員室に送られて、最終判定にかけられる。フィルムの下部には、時間が100分の1秒ごとの目盛で焼き込まれるため、一つの写真で選手の着順とタイムを同時に判定できる。

万が一、選手からクレームが出されても、何度でも写真で説明することが可能になった。

1万分の1秒単位までを計測

新たに開発されたプリンティングタイマーは、陸上、競泳、自転車競技、漕艇、カヌーなどの競技用に開発された。スタート用ピストル、光電管装置やタッチパネルなどと連動してアスリートのタイムを計り、自動的に記録するとともに、着順を表示した。たとえば競泳用は、八チャネル(レーン)のタッチパネルと連動し、1万分の1秒単位までを計測し、1000分の1秒単位

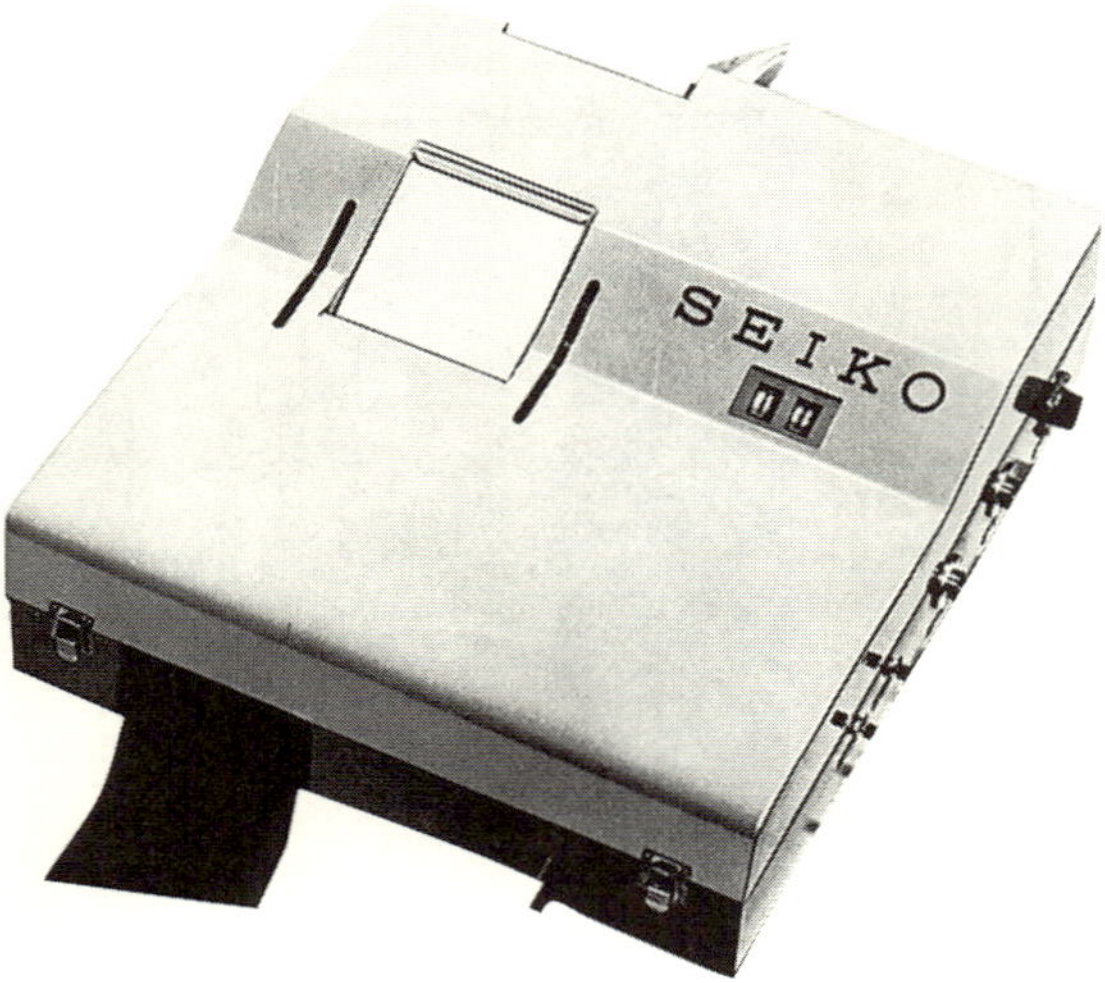

全選手の順位とタイムを自動的にプリントアウトした「プリンティングタイマー」のプリンター部。

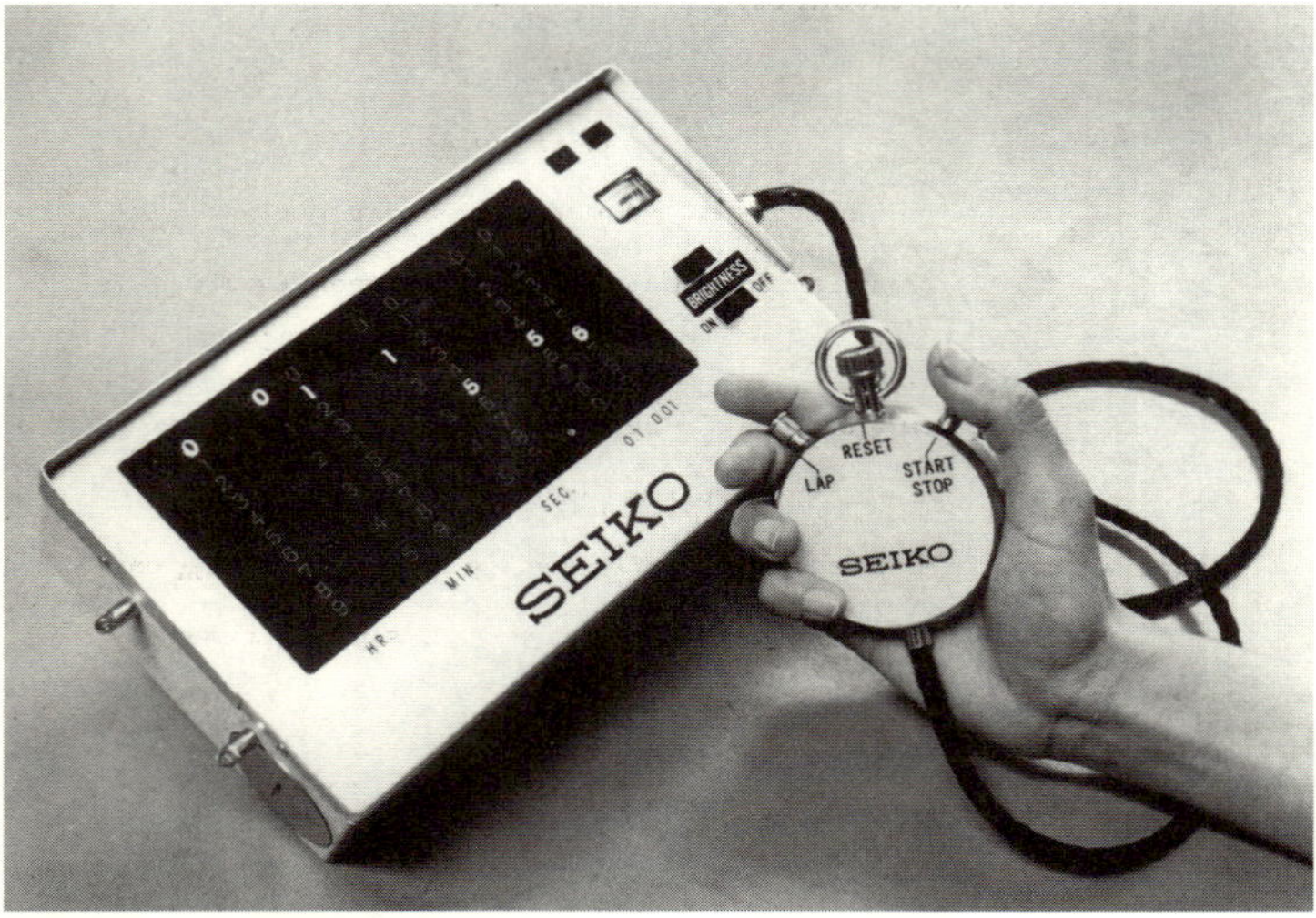

東京五輪（1964年）計時のために開発された未来型ストップウオッチ「デジタルストップクロック」。

までのデータを表示した。

ピストル音を捉えた信号音を無線で送り、計数部の回路が始動してタイムが動き出す。設置された光電管（陸上、自転車、近代五種）、タッチパネル（競泳）またはグリップスイッチ（漕艇、カヌー）によるスプリット（途中）タイムまたはゴール信号によって、計数部の値を記憶素子に移し、同時に全選手のタイムをチェックして着順を記憶する。一着の記録が記憶されると、自動的にプリントアウトの指示が起動して印刷が始まり、全選手が通過するとプリントアウトが完了する仕組みだ。ただ当時は、ＩＣやＬＳＩがなかったためにサイズが大きく、これだけの機能であるにもかかわらず、装置全体の大きさは大型デスクほどもあった。

また、バックアップ用として手動計時も要求されていたので、従来型の機械式ストップウオッチと未来型ストップウオッチというべき「デジタルストップクロック」が開発された。

デジタルストップクロックとは、クオーツ式ストップウオッチで、ダッグアウト（控え席）に置かれたクロックから引かれた二四本のケーブルによる端末機が計時員席に用意され、結果を自動的にプリントアウトした。

特徴は、１時間における誤差が１０００分の７秒以内という高精度と、10時間までの計測が可能（それまでのストップウオッチの持続時間は最大で数十分間）なことだ。この最新機は、「裸足の王様」と呼ばれたアベベ（エチオピア）の世界記録2時間12分11秒2も打ち出したのである。

五輪史上初の「計時クレーム・ゼロ」

国際陸連をうならせたストップウオッチ

競技用ストップウオッチの開発を担当したのは、第二精工舎だった。

ストップウオッチはあらゆる競技のベーシックな計測器具だ。電子計時システムの開発が間に合わなければ、それまでの五輪同様に主計時に使われることになるし、電子計時を使用する種目でも、バックアップ用に使用されることになっていた。したがって、国際機関から認定を取れるだけのストップウオッチを開発する必要があった。

担当した設計課の四名は、ストップウオッチ原理を確認することから始めた。さまざまな局面で使ってみると、計測結果にばらつきが生じることに疑問を持った。それは、スイス製でも同様だった。

最初はボタンを押し込む時間のズレではないかと考え、ストップウオッチを五個並べて、一枚の板を被せ、上から圧力をかけて同時にスタート、ストップさせてみたが、秒以下の時間が同じにはならない。20秒を計ると、あるものは20秒フラットを指すが、あるものは19秒9、別のものは20秒1を示している。時間差は使用者の操作方法に起因するだけではなく、ストップウオッチの機構にも問題があるのではないかと考えた。

そこで、ストップウオッチの裏面を外し、部品の動きを追ってみた。時計には正確な時間を数える振動（振り子）が必要で、機械式ウオッチでは「テンプ」という丸い輪が半周ごとの往復運動を繰り返し、時間を数える。

当時のストップウオッチでは、「テンプ」が1秒間に五ないし六回（片道ベース）往復する仕組みになっていたが、ボタンを押して時間を止めると「テンプ」が任意の状態で止まる。問題は、スタートボタンを押すと、「テンプ」は止まっていた状態から、急に初速を出そうと「蹴飛ばされて」スタートするために、最初の一振りの時間がばらつくのだ。

原因は解明できたが、課題は「テンプ」のスタートをどうやっていつも同じ状態に整えるかであった。

数か月後にたどりついたのが「ハートカム」の利用だった。「テンプ」の軸にハート形のカムをつけておくと、「テンプ」は必ず同じ区切りの位置で停止するので、スタートはいつも同じ状態からでき、かつ「テンプ」を蹴飛ばす必要がないため、スムーズになった。また、「テンプ」の停止位置は、機械が自ら四捨五入をして、目盛の上にきちんと止まるような工夫も加えた。

アイデアはまとまったが、機械の設計は一からやり直しになった。また、強靭な部品を生み出すために高度なプレス加工が必要になった。プレス加工部門は量産品の生産に追われており、当初は、作業を中断して試作品の面倒な加工には付き合えないと断られたが、「オリンピックのオフィシャルタイマー」という至上命題を盾に説得を続け、最終的には協力が得られた。

いったいどういう技術なんだ？

一九六二年八月に完成したストップウオッチを持って秋に開催された岡山国体などに持ち込んで試してもらったところ、新たな機構が注目され、それまで冷淡だった競技役員たちも熱心に評価してくれるようになったという。

もっとも感動的だったのは、九月にベオグラードで開催された国際陸連の技術委員会での評価だった。委員会に新開発のストップウオッチを持参したのは、第二精工舎研究課長の遠山正俊で、テストしたのは、名誉主事のドナルド・ペインと理事のアドリアン・ポーレンだった。

ポーレンは「ストップウオッチの大御所」と目されていたほどの専門家で、いつも複数個のストップウオッチを持ち歩き、競技会で記録が自分の測定結果と異なると、クレームをつけるほどだった。

彼らは、両手に一つずつのストップウオッチを持ち、数秒、数分、一時間の計測を行った。数秒と数分単位の計測では特に驚いた様子はうかがえなかったが、小一時間後に止めると、0・1

ストップウオッチの大御所のアドリアン・ポーレン（左）とドナルド・ペイン（右）

1962年にセイコーが開発したストップウオッチ。

秒の単位までピタリと合っており、ボーレンの顔色が変わった。「いったいどういう技術なんだ?」

遠山が設計課係長石原達也の編み出した理論を説明すると、二人は「グッド・アイデア、グッド・セオリー」と絶賛した。そして、「今度のオフィシャルタイマーは、東京でのオリンピックだからといって日本のメーカーにやらせるのではなく、理論に裏付けられた時計が現実に機能しているからだ」と言った。これは事実上、国際陸連の了解を得たことを意味したのである。

国内外のスポーツ団体から心配されていたストップウオッチの開発にメドが立ったことから、セイコーは六三年一月に組織委員会に対して、正式に「オフィシャルタイマーを担当したい」旨を申し入れた。

この頃から、他の器材も完成ラッシュを迎え、完成品を国内の各種競技会に持ち込んで、積極的に試用してもらったので、「国内の主要競技会で事前に使用」は進んでいたが、「計時機器は国際検定と国家検定をクリアすること」と、「IOCと各国際競技連盟の規格と必要条件を満たすこと」が満たされていなかった。しかも、IOCと各国際競技連盟のオフィシャルタイマーを担当するには、権威ある国際機関による検定が不可欠とされていた。

だが、五月に第二精工舎のストップウオッチが英国国立物理研究所(NPL)の検定を取得すると、状況は一挙に追い風となった。五月一三日には組織委員会から、東京五輪のオフィシャルタイマーとして認定する旨の通知を受けた。決定はただちにＩＯＣに報告され、ＩＯＣは六月にローザンヌで開いた合同会議で承認した。国際水連は六月にセイコーのストップウォッチを承認し、国際陸連は六四年四月にセイコーのオフィシャルタイマーに同意している。また、ポータブル型クオーツ時計のＱＣ９５１は、六四年二月にスイスのニューシャテル天文台国際クロノメーターコンクールで入賞を果たした。

器材の開発には、グループで八五人の技術者と八九〇人の作業者が製作にかかわり、二億円もの直接製作費をつぎ込んで、一八競技のために三六機種一二七八個の時計および得点表示装置を製作した。ちなみに、１００分の１秒計のストップウォッチは、輸入品が３分までしか計測できなかったのに対して、セイコーでは10分まで計測可能だった。

これらを受けて、セイコーでは運営体制を立ち上げるために、六三年六月に四社の幹部による「セイコーオリンピック競技時計運営委員会」を、八月になると、グループ内四社の一七二名からなる「セイコーオリンピック競技時計本部」（本部長：服部時計店服部禮次郎取締役）を発足させ、最終チェックと一〇月の本番に向けてのトレーニングが始まった。

器材は、八月に大時計装置の全数と「プリンティングタイマーⅡ型」が完成し、九月には写真判定装置「プリンティングタイマーⅠ型」、デジタルストップクロックが完成し、九月に開催された山口国体、一〇月に行われたプレオリンピック（東京国際スポーツ大会）で試用された。

表3　東京五輪のためにセイコーが開発した主要機器

機械式計時装置（ストップウオッチ）　11種類	
	1/5秒計置き針付き積算式（陸上、競泳）
	1/10秒計置き針付き積算式（陸上、競泳）
	1/100秒計積算式（漕艇、カヌー、自転車、ライフル、馬術）
	漕艇用ピッチ計
	バスケットボール用30秒ルール計
	サッカー用積算式
	ホッケー用積算式
	机上型積算式12分計（ウェイトリフティング、フェンシング、柔道）
	机上型積算式60分計（サッカー、ホッケー、バスケットボールほか）
電気式計時装置（レースのタイムを判定するための機器）　6機種	
	プリンティングタイマーⅠ型（自転車、近代五種、馬術）
	プリンティングタイマーⅡ型（漕艇、カヌー、陸上）
	プリンティングタイマーⅢ型（競泳）
	100コマ撮り写真判定装置（漕艇、カヌー）
	デジタルストップクロック（陸上）
	クリスタルクロノメーター（マラソン、競歩、ヨット、自転車ロード）
大時計装置（選手、観客、役員などにタイムや得点を知らせる機器）　16機種	
	秒大時計（陸上、自転車、馬術、近代五種）
	置針付き秒大時計（競泳）
	サッカー用大時計
	ホッケー用大時計
	マラソン、競歩経過時間表示大時計
	水球用大時計
	バスケットボール用大時計
	体操用大時計（男子床運動用）
	体操用大時計（女子床運動用）
	体操用大時計（女子平均台用）
	ライフル射撃用大時計
	ボクシング用大時計
	レスリング用大時計
	ウェイトリフティング用大時計
	フェンシング用大時計
	柔道用大時計
その他の機器　7機種	
	出発合図計（自転車、馬術、近代五種）
	光電子装置Ⅰ型（自転車、近代五種、馬術）
	光電子装置Ⅱ型（陸上、近代五種）
	スタート用ピストル（陸上、自転車、近代五種、競泳）
	ストップウオッチ遠隔操作装置Ⅰ型（自転車）
	ストップウオッチ遠隔操作装置Ⅱ型（馬術）
	自転車用追い抜き表示器

最後の関門は六四年六月に開催された新潟国体で、セイコーは開発したすべての機器を会場に持ち込み、実際の競技で使用し、最終確認を行ったのである。

競技時計の新たな歴史

東京五輪の技術的な意義は、①主要スポーツ競技の計測を、機械式の約一〇〇倍の精度を誇る「次世代時計」のクォーツ時計で行った　②「手動計時」ではなく「電子計時」を主とした計時を実践したことだ。これらの技術は当時としては画期的で、大会を総括した記録資料にも、電子計時の成果は高く評価されている。

「東京大会の開催は、同時に、競技時計の新たな歴史を生んだ。ローマ大会までは試験的な存在であった電気時計のタイムが公式時計として採用されたことである。陸上、水泳、自転車、漕艇、カヌー、馬術は無論のこと、バスケットボール、レスリング、ライフル射撃でも電気時計が公式計時を担当した」（学校教育研究所「競技時計と電子工学」）。

だが、重要なことは電子計時を導入した成果だ。その結果、電子計時の有用性は各競技連盟でも高く評価され、国際陸連ではルールを改正し、一九七六年から、「公認記録は電気計時によって計測されたものに限る」ことになり、世界の流れは一気に電気計時に変わっていったのである。

東京オリンピック組織委員会のまとめた公式報告書には、総括として、こう記されている。

「着順・競技時間に関してのクレームが発生しなかった初めてのオリンピックとなった」

第3章

電子計時がスポーツを変える!

計測の進歩が生んだ新たな矛盾

水中を目視で判定

電子計時によって微細な単位での計測ができるようになったことから、ルールを変えた競技もある。

競泳がその典型例だ。手電計時の時代には、100分の1秒単位だったのだが、電子計時の導入後には、同タイムの場合には1000分の1秒単位のタイムを比較して着順を判定するよう変更した。ところが、これが新たな矛盾を生む結果になり、計測単位を元の100分の1秒単位に戻したのだ（ただし、測定の信頼性は、比較にならないほど向上している）。

かつて手動計時で行っていたときの競泳のゴール付近は混乱の極みだった。選手以外に、コースごとに三人ずつが配置されたタイムの計時員と着順審判員たちで、ごった返していた。

しかも、肝心のプールの中も大変な状況になる。選手たちの激しい動きが水を攪拌《かくはん》し、選手が立てる波とプールの縁にぶつかって戻ってくる波が交錯し、大粒の水しぶきが飛び交う。その喧騒の中で、選手がゴールにタッチする瞬間を水中も含めて目視で確認するのだから、審判たちも

1960 年代の競泳での手動計時。ゴール付近には大勢の審判、計時員が群がっていた。

大変だった。特に着順審判は、各々の選手たちのゴールタッチを見極めながら、コースをまたがった複数選手の着順を判定するのだから神業に近い判断だ。

だが、プールの端に設置された〝タッチ板〟のおかげで、つばぜり合いのような僅差の競争も正確かつ確実に測定・判定されるようになり、スタート台付近に鈴なり状態になっていた審判たちの姿は消えた。

1000分の1秒単位で着順を決定

競泳に電子計測システムが導入されるきっかけになったのは、一九六〇年のローマ五輪、男子競泳100メートル自由形での判定だった。

ランス・ラーソン（アメリカ）とジョン・

デヴィット（オーストラリア）が終始激しいトップ争いを演じ、着順審判たちの判定は三対三に分かれ、最終判定は五ヤードも離れた場所にいた審判長に委ねられた。

観客席からもラーソンは水の中で、デヴィットは水面で、ほぼ同時にゴールインしたかのように見えたが、三人ずつの計時員のタイムは、ラーソンについては55秒0が一人と55秒1が二人、デヴィットについては三人揃って55秒2を示した。

大方の予想に反して審判長はデヴィットに軍配を上げた。しかも、それに伴って着順の整合性を示すために、ラーソンのタイムは55秒2に修正された。この件をきっかけに、競泳関係者たちの間で電子計時の導入を望む声が急速に高まった。

電子計時システムは、目測による曖昧さを拭い去り、明快さと公正さをもたらしたが、競泳界に新たな欲望を目覚めさせることになった。より正確に着順を決定しようと、「100分の1秒単位の計測で同着の場合には、1000分の1秒単位の記録によって順位を決する」ようにルールを改正したのである。

もともと100メートルを55秒で泳ぎ切った場合の100分の1秒の差は、距離に換算するとわずか1・8センチ、つまり爪一枚分なのだが、より精密な計測への期待が高まったのだ。ところが実際に適用してみると、大きな矛盾が浮き彫りになった。

金銀を分けた3ミリ差

一九七二年のミュンヘン五輪の400メートル男子個人メドレー決勝は、まさに1000分の1秒単位の勝負となった。

グンナー・ラルソン（スウェーデン）とティム・マッキー（アメリカ）が終始接戦を繰り広げ、ともにオリンピック新記録の4分31秒98の同タイムでゴールインした。電光掲示板に表示された数字では同タイムなので、どちらが勝ったのかわからず、ラルソンもマッキーも水の中でキョトンとしたままだ。

ルールにしたがって1000分の1秒単位のタイムが呼び出され、審判、計測係、競技役員による確認作業が大至急で行われた。約五分後に電光掲示板に表示された表示は、

一位　グンナー・ラルソン（スウェーデン）　4分31秒981
二位　ティム・マッキー（アメリカ）　4分31秒983

場内は「ワオー！」の歓声に包まれた。その差はなんと1000分の2秒だった。

報道陣のインタビューに答えて、ラルソンは「勝ちは勝ちだ」と胸を張り、マッキーも「1000分の2秒差でも、はっきり機械が示すなら、しかたがない」とあっさりしたものだったが、この結果はすぐに大きな反響を巻き起こした。

連盟の内部はもとより、多くの評論家たちから、「水温、水のうねりなどによってコースによ

る条件は異なるはずだ。それらの条件を無視して1000分の1秒単位のタイムで競うことが公平なのか」という意見が噴出したのだ。

400メートルレースでの1000分の2秒差は距離にしてわずか2・96ミリ。プールの建築精度がそれ相応のレベルでできあがっていたかは、はなはだ疑問だ。当時は、公式競技に使用された長さ50メートルのプールの建築精度は、3センチ程度の誤差が許されていたようだ。つまり、使用されるプールが49・97メートル以上、50・03メートル以下であれば、公式競技に供されることになる。すべてのコースの精度が同一であれば問題は少ないが、もしも一コースが誤差ゼロ、八コースが誤差3センチだとすると、400メートルではその差が24センチに広がる。

計時が1000分の1秒単位で計測されて1・48ミリ差を問題にしても、プールにその一六倍もの誤差があったのでは、アンバランスだ（建設関係者によれば、現代の建築精度は光学測定法の採用で、50メートルプールでも5ミリ程度のようだ）。

そのため、国際水連は七六年から判定単位を元の100分の1秒（電気計時では1000分の1秒単位で計測し、四捨五入して100分の1秒単位で表示）に戻し、同タイムの場合、二人に同じメダルを授与することになった。

同タイムでメダルの色が異なる

トライアスロン54・5キロの末の決着

二〇一二年のロンドン五輪、女子トライアスロン競技でも、「同タイム着差あり」が起きた。

トライアスロンは、一人で遠泳、自転車、マラソンの三種目をこなす過酷なレースだが、ロンドンでは、水泳1・5キロ、自転車43キロ、マラソン10キロの三種目合計54・5キロのコースで戦われた。

最後のマラソンで、優勝争いはニコラ・スピリク（スイス）とリサ・ノルデン（スウェーデン）の二人に絞られたが、互いに譲らず、並走の状態のままでゴールに飛び込んだ。

テレビ中継を見ているかぎり、両者の差はなかった。しかも、トライアスロンのルールでは記録の単位は、100分の1秒ではなく「秒」だ。しかし、結果はすぐに、「一位がスピリク、二位ノルデン。両者のタイムはともに1時間59分48秒」と発表された。

「0秒差」ながら、金メダルはスピリクになり、ノルデンは銀メダルになってしまったのだ。だが、スピリクもノルデンもクレームをつけることなく、スピリクは「金メダルと銀メダルでは大違い」、ノルデンは「ここまで粘ってレースができてよかった。色は別にして、メダルがとれてよかった」とコメントしている。

計時を担当していたスイスタイミング社は、ゴールの延長線上に設置してあったビデオ判定装置を操作し、ゴールインを画像で撮影していた。ビデオ判定の結果だったことを、両選手が聞いたか否かはわからないが、目視による着順判定では微妙だっただけに、「電子の目」の威力は大きかった。

情では曇らない電子の目

同様のケースは、一九九一年に東京で行われた「世界陸上」の50キロ競歩競技でも起きていた。途中から先頭に立ったのは、アレクサンドル・ポタショフとアンドレイ・ペルロフの二人のソ連人(当時)選手だった。沿道の観客の声援を受けながら、二人は一歩も譲らず終盤まで競い合った。

ふたりとも体調はよいようで、どちらも脱落する気配は見えず、優勝争いは競技場の中までもつれ込んだ。ここまで健闘したのだから両方勝たせてやりたいが、勝負はどのようになるのかと、観客は固唾《かたず》を飲んでレースに注目した。ところがそのとき、ふたりはひとことふたこと言葉を交わすと、肩を組んで歩き出し、そのままゴールインしたのである。

観客はあっけにとられ、やがて二人の健闘を讃える拍手もわき上がった。観客席にいた誰もが、金メダルが二人に与えられることを疑わなかった。だが、予想に反して場内アナウンスは「一位ポタショフ、二位ペルロフ」と告げた。

理由は、「陸上競技ではあくまでも着差を問われる」ルールに考慮し、計時員が機転を働かせてゴールインの際の光景を写真に撮影していたのである。画像を拡大すると、二人の肩の位置から前にあるのはポタショフと判定できた。電子の目は、情で曇ることもなかった。

レース後のインタビューでポタショフは、「どちらが一位かは問題ではなかった。僕らは一つのチームとして勝ちたかったんだ」と心境を語っている。

ゴールでジャンプするスキー選手

0・02秒を稼ぎたい一心

電子計時の時代になって、選手の走る姿にも変化が見られる。陸上短距離走ではゴールの瞬間に、首を前に倒したり、胸を突き出すランナーをときおり見かける。

たしかに、精魂を使い果たし、脚が前に出にくい状態で首を折れば、頭が前に出て5〜6センチは有利になりそうだ。100メートルを10秒ちょうどで走ると、秒速は10メートルなので、5センチは0・02秒に相当する。だが、ルールでは、ゴールインはあくまでもトルソーの位置で決まるので、頭部や手足は対象から除外される。したがって、胸を突き出す方がはるかに理に適っていることになるが、走りながら肩よりも胸を前に突き出す姿勢をとることは、極めて難しそうだ。

一方、スキーの距離競技で目立つのは、ゴールラインを軽いジャンプで飛び越える風景だ。スキーのゴールは両サイドに設置された二つの光電管の間を結んでいる光のラインを、身体または装具で切る（遮る）ことで成立する仕組みになっている。だが、ストックでは細すぎて、光電管の径《みち》を遮ることはできない。

光電管は地表に溜まる雪の影響を逃れるために膝くらいの高さ（地上から約25センチ）に設置する。選手の狙いは、自分の脚よりも前に位置するスキー板の厚みで光電管のビームを切ることだ。ちなみにアルペンスキーはスピード感とターンの切れ味が魅力の滑降競技で、平均時速で約100キロだが、最大斜度四〇度以上もの斜面を滑り下りる時には、瞬間的に130キロにも達する。近年は滑走技術の向上や用具の発達によって、上位者たちのタイムは接近してきており、一九七〇年代から、100分の1秒差で優勝が決まることもめずらしくなくなった。

1秒の間に一五人の選手が集中

スキー競技の公式タイムが100分の1秒単位になったのは、一九六四年に開催されたインスブルック冬季五輪からだ。

女子大回転（距離1250メートル）では、クリスティーヌ・ゴアシェル（フランス）とジーン・ザウベルト（アメリカ）が同タイムで二位となり、両選手に銀メダルが授与されている。

九八年に開催された長野冬季五輪の男子滑降では、優勝したジャン・リュック・クレティエ（フランス）のタイムは1分50秒11だったが、九位の選手も1分51秒09となり、トップのタイムから1秒以内に九人の選手がひしめきあった。

ところが、九四年のリレハンメル冬季五輪では、1秒の間に、なんと一五人の選手が集中する大接戦になっていた。トップと二位との差が0・04秒。時速72キロでゴールを通過したとすれば、距離にしてわずか80センチの差に過ぎない。

時速72キロでゴールに向かうと仮定すると、100分の1秒は距離20センチに相当する。したがって、脚よりも40センチ前にある板面でビームを切れれば、タイムを100分の2秒縮められることになる。そこで、光電管のビームに狙いをつけてジャンプするというわけだ。切ない期待である。

しかし昨今では、ジャンプをするには流れを変える動きが必要になるために、かえってスピードが落ちることがわかり、滑走のままゴールインする選手が多くなった。

昨今のアスリートたちは、ライバルと戦うだけでなく、最新の計時機器の仕組みを学び、特性を有利に利用する方法も研究している。

野良犬が先にゴールイン

スキー会場など、完璧な管理の難しい屋外競技では、ハプニングがつきものだ。

一九七九年に北海道で開催された国際スキー連盟（FIS）ワールドカップスキー富良野大会のゴールで、選手の直前を犬が駆け抜けたときには肝を冷やした。

前述したように、スキー競技の計時では、コースの脇に配線し、選手がゲートを蹴ってバーを開くとスタート信号が入り、ゴールに設置した光電管を切ると、自動的にタイムが記録されるシステムが設置されている。

選手がスタートゲートにつくと、計時室にも緊張が走る。スタート地点や、ゴール付近の人の動きをチェックし、信号をすべてクリアにして本番を待つのである。

なかには、状況を呑みこめていない関係者が、スタート直前に光電管の間を横切ったりすることもあり、そばに控えている担当者が制止したり、計測員が余計な信号を除去して、選手のゴールに備える。

ところが、このときの相手は野良犬だった。観客の声援に興奮したのか、一頭の柴犬が観客の隙間からコースに飛び出し、滑ってくる選手の直前を斜めに走って、ゴールを横切ってしまった。係員が阻止する暇もなく、一瞬の出来事だった。

観客にとっては「微笑ましい光景」に見えたかもしれないが、計時担当のスタッフには、心臓が口から飛び出しそうな出来事だった。メインの計時では、犬の信号を除去する時間的余裕はなかった。そこで役立ったのがバックアップ装置だった。

記録紙には犬のゴールインの時刻も記録されていたが、選手のスタート信号が記録された時刻とゴール時刻を取り出し、素早く引き算をして正式タイムを算出した。

0・03秒まではフライングOKの競泳

人間のタッチと水圧を判別

競泳種目のスタートにおけるフライング（フォールススタート＝不正出発）は、スターターの目視によって判定されるが、リレーの引き継ぎには機械が使われる。この機械判定には0・03秒までのフライングが許容されている。なぜなのか。

リレーの引き継ぎの機械判定には、コースの両端に設置されているタッチ板と、飛び込み台に仕込まれたスタート装置によって記録されるデータが照合される。

タッチ板とは、コースの両端にはめ込まれた板で、手や足で強めに触れることで圧力センサーが働いてタイムを計測する。

ゴール付近は選手たちの激しい泳ぎによって引き起こされる強い波やうねりが起きて、水の圧力も相当なものだ。圧力センサーは「人間の手」で押されたものなのか、「波」によるものなのかを判別しなければならない。

観客席から見える板は「表板」と呼ばれるもので、その裏側にある板がプールの壁面に固定される二重構造になっていて、間に圧力を感知するセンサーが組み込まれている。

タッチ板の表面をよく見ると、小さな穴が多数開けられていて、プールの水や空気が表板と裏側の板との間に自由に行き来できる。手や足でタッチをすると表板が押され、間にたまっている空気や水がプール側に逃げ出してくるので、比較的小さな力でも圧力センサーが反応するが、強い波やうねりは内側にも流れ込んで表板にかかる圧力を中和することで、センサーが感知しないような仕組みになっているのだ。

センサーを補完する電子の目

選手が水をかくときのストロークがうまく合致して、手のタッチが充分な力で板面を捉えられると問題ないのだが、選手のタッチの仕方によっては、圧力センサーが反応しないこともある。ストロークを終えた位置に板面がくると、タッチの力は板面をなでる程度のか細いものにとどまり、センサーが感知しない。競泳では「タッチが流れる」と表現する。

そこでバックアップ用に設置されているのが、ゴール上に設置されているビデオカメラだ。ゴール付近を1秒間に一〇〇コマで撮影するので、コマをたどっていけば、選手のタッチの状態を100分の1秒単位で、鮮明に解析できる。

ただし、この装置は解析に時間が少々かかるため、あくまでも補完のための機器として作動しており、疑惑や問題が生じた場合にのみ、審判が確認する。しかし、このバックアップ装置があるからこそ、選手も安心して電子計時に身を委ねることができるのだ。

ちなみに、競泳に使用される公認プールは、25メートルの短距離用は25・01メートル、50メートルプールは50・02メートルで造られている。厚さ1センチのタッチ板を、短距離用には一枚（スタート／ゴール側）、50メートルには二枚（両端）設置するからだ。

一方、スタート台には体重計のような装置が組み込まれており、装置が選手の重みを感知しなくなった時点を、スタート時刻と判断するが、この装置はリレーの引き継ぎ時に威力を発揮する。前の泳者がタッチ板に触れた時刻と、次の泳者の飛び込んだ時刻を照合すれば、瞬時にフライングを判定できるのだが、二重構造になっているタッチ板の特性によって、信号がわずかに遅れる可能性がある。そのため、最大0・03秒までを許容範囲としているのだ。

国際水連は、人間の能力と機械の機能特性を使い分け、補完しながら計時を行っている。

五日で消えた「世界一速い男」

「オレが最速のスプリンターだ」

世界的レベルのスプリンターにとっても、「世界一速い男」の称号を取れるチャンスは、千載一遇の可能性しかない。才能に秀でたアスリートがトレーニングを重ねてトップレベルの走法をマスターし、本人の体力がピークに達した数年間にだけ、チャンスがめぐってくる。だが厳しいことに、いったんピークを過ぎると、その可能性は急速に遠ざかっていく。

そのタイトルを手にして喜んだにもかかわらず、わずか五日間で取り消された例があった。選手の名はジャスティン・ガトリン（アメリカ）。ガトリンは、二〇〇六年五月一二日の100メートル走で、それまで「世界一速い男」の座に座っていたアサファ・パウエルの9秒77の記録を、100分の1秒更新して「世界一速い男」のタイトルを奪った。

ガトリンはニューヨーク生まれのアスリートで、高校時代はハードル競技で活躍し、その後に短距離走に転向した。〇四年のアテネ五輪の100メートル走で金メダルを獲得し、〇五年には全米選手権と世界選手権で、100メートル走と200メートル走の二冠を手にするほどの実力があった。

カタールのドーハで開催されたその大会は、国際陸連（IAAF）の主催するカタール・グランプリだった。レース前にガトリンは、「今年は世界的に大きな大会がないので、世界記録を出す年にしたい。目標は9秒75だ」と意気込みを語っている。トラックは追い風1・7メートルという好条件下にあった。追い風は選手に有利に働くが、秒速2メートルを超すと公認されないので、正に絶好のコンディションといえる。

レース後に本人が「今日の加速は抜群だった」と述べたように、中盤から加速力を生かしてトップでゴールインした。電光掲示板に表示された数字は「9秒76」、その後には「世界新記録」の注意書きがフラッシュしていた。

ガトリンは狂喜してスタンドに駆け寄り、関係者と抱き合い、スタンドを埋めた約一万人の観客は総立ちになって拍手で祝福した。

世界中のメディアからまぶしいまでのフラッシュを浴びたガトリンは、「これでオレが真の最速のスプリンターだ」と誇らしげに答えた。一方、「世界一」のタイトルを奪われたパウエルは、新聞記者たちの質問に、「世界記録のタイトルは、しばらく貸しておくだけだ」と意地を見せ、タイトル奪回への執念を露わにした。

タイトルは通り過ぎていった

ガトリンはその夜から美酒に酔いながら、「シンデレラ・ボーイ」になったあとの胸算用をあれこれ思いめぐらしたことだろう。

ところが、彼の「天下」は五日間で、あっけなく消え去った。五月一七日に国際陸連は「計時装置のプログラムミスで、ガトリンの公式タイムは9秒77の世界タイ記録で、新記録ではなかった」と訂正を発表したのである。

説明によると、計時装置の測定したガトリンのタイムは、9秒766だった。ルールでは、1000分の1秒の単位がゼロでない場合は、100分の1秒単位を切り上げて100分の1秒単位を正式記録とすることになっている。したがって、ガトリンのタイムは9秒77と発表すべきものだった。ところが、担当した時計会社は、「システムが国際陸連のルールどおりに動かなかった」と弁解した。

発表を受けて、ガトリンの代理人のニアマイアは、イギリスメディアの取材に対して、「彼は今、素晴らしい仕上がり状態にある。ジャスティンには、再び、正式に世界記録更新を狙うことが大きな刺激になる」と答えたが、本人はメディアの前に姿を現さなかった。ガトリンの心中は察するに余りある。

その後、世界記録を更新したのは、ガトリンではなく、再びパウエルだった。二〇〇七年九月にイタリア・リエティで開催されたＩＡＡＦグランプリシリーズで、自己記録を一気に０・03秒縮め、９秒74で走り切った。六月のジャマイカ選手権で脚の付け根を痛め、練習不足だったというが、秒速１・７メートルの追い風にも助けられ、二位以下を大きく引き離して、余裕のゴールインだった。ガトリンはさぞかしくやしかったことだろう。

そして、ボルトの登場で世界記録は９秒５台に突入し、ガトリンの時代は完全に過ぎ去ってしまった。わずか五日間で夢は霧散したが、世界で群雄割拠する無数のアスリートたちの存在を考えれば、五日間でも「世界一速い男」の地位を味わえたのは、好運だったともいえる。

ピストルは0・5秒早かった？

八人中六人までが9秒台

短距離走でのスタートはレースを左右するといっても過言ではないが、ハプニングが世界記録を呼び込んだのが、一九九一年に東京で開催された「世界陸上」でのカール・ルイスだった。この日の100メートル走の決勝で、ルイスは9秒86の世界新記録をマークした。

ルイスはもともとスタートが苦手で、遅れてスタートするものの、トップスピードに達すると後半でもスピードがほとんど落ちず（正確にいえば他の選手ほどには減速せず）にゴールインする走りが特徴だ。当日のレースでデッドヒートを演じたリーロイ・バレルとのスプリットタイム（途中経過時間）を比較すると一目瞭然だ。

スタートから10メートル地点では、バレル1秒83、ルイス1秒88と、バレルが完全に先行した。50メートル地点でも5秒55、ルイス5秒61とバレルが優位で、その差は距離で一メートル。しかし、70メートルでバレル7秒28に対してルイス7秒30と追い上げ、90メートルでルイスが逆転、9秒01のバレルを100分の1秒だけリードして9秒00で通過。ゴールではルイスがバレルに1

00分の2秒の差をつけた。ルイスの課題はスタートのロスタイムをどこまで縮められるかにかかっていた。

結果は、優勝のルイスが9秒86、二着バレル9秒88で二人とも世界新記録。次いで三着のデニス・ミッチェル（アメリカ）9秒91、四着リンフォード・クリスティ（イギリス）9秒92、五着フランク・フレデリクス（ナミビア）9秒95、六着レイモンド・スチュワート（ジャマイカ）9秒96で、同年度の世界ランキングの一位から六位までをすべて独占した。つまり、ルイスだけが好記録を出したのではなく、出場した八人中六人までが9秒台で走るという、陸上競技史上でも稀に見るビッグレースとなった。

スタートのハプニングが奏功？

このような好記録が生まれたのは、日本のハイテク技術を駆使して整備された国立競技場のアンツーカーや追い風など、好条件が揃ったことが大きいが、加えてスタートでのハプニングが好結果を生み出した。

一つは、スターターを務めた飯島秀雄の「ヨーイ！」から「ドン」までの間隔が1・50秒で、理想とされている2・00秒よりも0・50秒早くピストルを撃ったこと。

さらに、ミッチェルがフライングしたにもかかわらず、レースが成立したことだった。正確にいえば、国際陸連の規定ではミッチェルのスタートはファールとなるタイミングだったが、飯島はフライングをとらず、ミッチェルに引きずられて全員が好スタートを切った。これがルイスに、願ってもない好運をもたらした。

問題となったミッチェルの反応時間は0・090秒で、国際陸連のルールに照らせばフライングとされる「0・100秒未満」に該当していた。ファール判定装置が作動し、飯島の耳にも甲高い「ピーッ」の警告音が届いたが、飯島は「フライングなし」と判断してリコールをせず、レースは成立した。一方、ルイスのスタートの反応時間は0・140秒で、その前のローマ大会で9秒97を出したときの0・196秒に比べると0・056秒も早かった。

国際陸連は、一九七八年からファールの判定を機械に任せるルール（機械による警告が出されたら、ただちにファールを宣告するために二発目のピストルを撃つ）になっていたが、当大会の主催者である日本陸連の当時のルールでは、ファール判定装置をあくまでも補助装置と位置づけ、最終判断はスターターに委ねていた。

スタートピストルが0・50秒早かったことについては、日本陸連内部でも多少の異論が出されたが、当の飯島はレース半年後のインタビューでこう答えている。

「肉眼で見ていて、全員が静止している状態が確認できた。今しかないと判断して撃ちました。わずかな時間を置いたために、かえって集中力がなくなる危険性だってある。静止したかどうかが問題で、何秒待たなければならないということは、問題外だと思います。スターターの務めは、選手を最高の状態で出してやることです」

「ファール判定装置は、あくまでも機械的補助装置。私は人間の目のほうを信頼します。私はミッチェルにファウルを認めなかったからこそ、ピストルを撃った。後で何度もビデオをスローにして見たが、何ら疑わしい点はありませんでした」（森彰英著『スポーツ計時一〇〇〇分の一秒物語』）。

結果は、ルイスがバレルの持つ世界記録9秒90を0・04秒縮めて、9秒86の新記録を樹立。バレルは自己の記録をさらに0・02秒縮めたにもかかわらず、二度目の世界記録を逃した。ルイスのスタートがローマ大会並みだったならば9秒92の記録にとどまり、バレルの記録に及ばなかったが、スタートで稼いだ0・06秒を有効に生かしたのである。

もしもこのスタートが国際陸連のルールどおりに運用されていたならば、ルイスの世界記録は幻になっていた。ルイスにとって、ニッポンは一生忘れられない国となったことだろう。

ピストルの落下弾がスターターの頭を直撃

競走のスタート合図は、レースを左右するだけに重要である。

だが、平和の祭典にピストルを使うことに場違いの印象を受ける人もいるかもしれない。

古代オリンピックでは、どのように行われていたかは不明だが、ルールに「スタートで不正を働いた者は体罰に処す」と記されていることからすると、何がしかの紳士的ルールで行われていたようだ。

その後は「選手間の合意」でスタートしていた時期もあった。「相撲の立ち合い」のように、「ヨーイ」の掛け声のあとに、選手は息を揃えてスタートしたのだろう。しかし、この方式は出発に手間取った。当然のことながら、選手はいかに有利に出発するかを駆け引きするからだ。そこで、「『スタートは出場選手の合意による。ある時間内（または別途定める時間内）にスタートしない場合はピストルを用いる』との条項が付け加えられた」（『近代陸上競技の歴史』）。この条項が加えられたことで、スムーズな出発が促進されるどころか、ピストルの合図に頼るケースが増え、「これが短距離走の一般的なスタート方式になった（前掲書）。

日本では、ピストルの所有が認められていないため、ピストルにこだわるスターターはほとんどいないが、所有が認められている国では、けっこう、「自分の愛用銃」に固執するスターターもいる。特に国際競技会では、晴れの舞台を意識するからだ。

だが、その結果、とんでもないことが起きる。昔、バンコクで行われた競技会で、軍人出身のスターターが撃った弾がまっすぐに上がり、反転してきてスターターの頭を直撃し、重傷を負ったケースがあった。話として聞くぶんには笑ってしまうのだが、本人には射撃の確かさがアダになった。

テレビが変える競技ルール

放送権料が競技を支える

世界経済の発展で、スポーツをたしなむ人口も、「見るスポーツ」を楽しむ人も大幅に増えた。そのため、オリンピックの規模は、大きく様変わりした。第一回アテネ大会と第二六回アトランタ大会を比較してみると、開催日数は三・四倍に過ぎないが、種目数は八・五倍、参加選手数は三二倍、チケットの販売数は一〇三倍に増えた（次ページ・表4参照）。

さらに顕著なのは、テレビ中継によって視聴する人口が爆発的に増えたことだ。近年では、延べ八六一億人もの人がテレビでオリンピックを観戦している（次ページ・表5参照）。

だが、テレビ中継のウェイトが高まったことで、新たな問題も起きている。テレビ局にとって、オリンピックは視聴率を得られる重要なイベントとなり、放映権を獲得するための競合によって、放映権料は莫大な金額になった（138ページ・表6参照）。

近年は、競技数、参加選手数が莫大に増えたことで試合数が飛躍的に増えた。その結果、大会運営費用が巨額になり、チケットの販売料ではとてもカバーできず、スポンサーシップやテレビ

表4　二大会の規模の比較

	第1回 アテネ大会 1896年	第26回 アトランタ大会 1996年
開催日数	5	17
競技数	9	26
種目数	32	271
参加国・地域数	13	200
参加選手数	311	10,000
チケット販売数	60,000	11,000,000

出典：ジム・パリー『オリンピックのすべて—古代の理想から現代の諸問題まで』

表5　オリンピックのテレビ放映時間と視聴者数

開催年	開催地	テレビ放映時間	全世界での視聴者数
1936	ベルリン	136.0	162,000
1948	ロンドン	64.5	500,000
1968	メキシコシティ	938.5	60,000,000
1972	ミュンヘン	1266.0	900,000,000
1984	ロサンゼルス	1300.0	200,000,000
1988	ソウル	2230.0	10,400,000,000
1992	バルセロナ	20000.0	16,000,000,000
1996	アトランタ	25000.0	19,600,000,000
2000	シドニー	29600.0	86,100,000,000

出典：IOC「オリンピック・マーケティング・ファクト・ファイル」

放映権料で補填する構造になっている（139ページ・表7参照）。

オリンピックの放映権料は、大会運営費を左右するほど重要なウェイトにまで高まった。しかも、チケットの販売料などは、見込み金額をなかなか達成できないのに対して、放映権料は確実に回収できるのが運営者には魅力だ。

長すぎる競技時間をテレビ向けに短縮

大会費に占める放映権料の比率が高まることによって、テレビ局が運営にまで口を挟むよう

表6　オリンピックのテレビ放映権料と収入に占める比率

開催年	開催地	テレビ放映権料（米ドル）	総収入に占める比率
1936	ベルリン	なし	
1948	ロンドン	1,000	
1960	ローマ	200,000	1/400
1964	東京	1,500,000	
1968	メキシコシティ	4,500,000	
1972	ミュンヘン	7,500,000	1/50
1976	モントリオール	34,900,000	
1980	モスクワ	88,000,000	1/15
1984	ロサンゼルス	286,000,000	1/2
1988	ソウル	402,000,000	
1992	バルセロナ	600,000,000	
1996	アトランタ	900,000,000	1/3
2000	シドニー	1,331,000,000	1/2.5
2004	アテネ	1,494,000,000	
2008	北京	1,739,000,000	

出典：IOC「オリンピック・マーケティング・ファクト・ファイル」

になった。

具体例の一つが「競技時間の短縮」だ。海外からの生中継には使用料の高い放送衛星を使用するなど、単位時間当たりのコストの高いテレビとしては、視聴率の高い競技がなるべく短時間に、集中することが望ましい。スタートのやり直しは、時間とコストをむだにするだけでなく、冗漫な中継ではチャンネルを他局に切り替えられる可能性もある。そこで問題視されたのが、陸上短距離走のフライングの扱いだ。

二〇〇二年までは、選手に一回のフライングが認められていたが、テレビでは中継時間が伸びる上、視聴者の緊張感を削ぐため、「善処」が求められた。そこで、国際陸連はフライングの回数に制限を設けるように変更

表7　二大会の収入内訳の比較

	第1回 アテネ大会 1896年	第26回 アトランタ大会 1996年
個人の寄付	67%	―
スポンサーシップ	―	32%
テレビ放映権料	―	34%
チケット販売料	11%	26%
ライセンシー小売	―	8%
プログラム広告・切手	22%	―

出典：ジム・パリー『オリンピックのすべて―古代の理想から現代の諸問題まで』

した。〇三年にルールが改正され、二度目のスタートにフライングした選手をすべて失格させることにしたのである。

同じ選手が二度フライングした場合はあきらめもつくのだが、該当選手が異なる場合には複雑だ。最初にフライングした選手は咎《とが》められず、二度目にフライングした選手が失格になってしまう。それでも選手には、一度目はリスクを冒して記録に挑み、二度目で着順の争いに挑むチャンスが残された。一方、テレビ局は、最大三回のスタートでレースが成立するようになり、競技の所要時間を予測できるようになった。

しかし、テレビ局は納得しなかった。さらなる時間短縮を望んだのである。そこで、〇八年にベルリンで開催された国際陸連総会でルールが改正され、フライングを犯した選手は即失格にすることになった。選手の集中心が高まり、一回できれいに揃ってスタートするケースが増え、テレビ中継にはむだな時間は減ったが、一方で、スーパースターがいきなり消えて、レースの魅力が半減するケースが起きている。

一一年に韓国のテグで開催された「世界陸上」では、世界中から注目を浴びていたボルトが予選で失格し、仕切り直しされたレースへの関心は薄れた。一方、選手にとってみれば、失格になる危険性をなくすために、スタートは慎重になる。つまり、確実なスタートを意識するがために、記録の更新が難しくなるというわけだ。

〇八年の北京五輪では、野球が、テレビ中継に取り上げてもらおうと、競技連盟が自主的に変則ルールを導入した。延長一一回が終了した時点で同点の場合には、「タイブレーク・ルール」が適用され、走者を一塁と二塁において攻撃が始まる。野球は本来、打者がヒットや四死球でしか塁に出られないはずなのだが、タイブレーク・ルールでは、いきなり走者が一、二塁に存在する。これに大きな違和感を覚える人は多いだろう。

一〇回までの試合の流れとは完全に切り離された、勝負を決めるための「便宜的措置」だ。だが、試合のルールを途中で変えて戦うのが、スポーツといえるのだろうか。

突然のサマータイム導入

競技の開催時間についても、テレビ局から要望が出されるケースがある。テレビ局としては、視聴率の高いゴールデンアワーに人気種目を生中継したいのだが、昼間に競技が行われている場合、地球の反対側の地域での放映は、真夜中になる。

表8　オリンピック放映権料の地域別分担率

開催年	開催地	米国	欧州	日本	その他
1980	モスクワ	82.2%	8.1%	6.8%	3.0%
1984	ロサンゼルス	78.6%	7.7%	6.6%	7.1%
1988	ソウル	74.5%	7.5%	12.4%	5.6%
1992	バルセロナ	63.0%	14.9%	9.8%	12.3%
1996	アトランタ	50.8%	27.6%	11.1%	10.6%
2004	アテネ	53.1%	26.4%	10.4%	10.1%
2008	北京	51.4%	25.5%	10.4%	12.8%

出典：IOC「オリンピック・マーケティング・ファクト・ファイル」

ロンドン五輪では、決勝戦が日本の深夜になり、寝不足になった読者も多いだろう。日本では「やむを得ない」とあきらめている向きが多いのだが、米国のテレビ局は資金力にものを言わせて、ゴールデンアワーに近づけるために、試合の開催時間をずらそうとする動きに出るケースもある。

一九八八年のソウル五輪では、米国のゴールデンアワーに近づけるために、突然、韓国にサマータイムが導入された。韓国民には迷惑な話だ。

また、二〇〇八年の北京五輪の競泳と体操競技の一部では、奇妙なことに、午前に決勝、午後に予選が開催された。選手の体調を考えれば、身体がほぐれてコンディションがベストになる午後に決勝を持ってくるのが常識だが、米国のテレビのゴールデンアワーを優先させたのである。

たしかに、放映権料における米国の貢献度は著しく高い（表8参照）。今日《こんにち》の大会経費の約三五パーセントがテレビの放映権料で、その半分を米国のテレビ局が負担しているので、その貢献度は一七パーセントにもなる。

さらに、競技連盟にとって、テレビは競技そのものの将来を左右する。テレビ放映の多い競技は人々の関心を集め、ヒーローやヒロインが「時の人」になって話題が広がり、競技人口が拡大する。

中継のない競技は関心が薄れて没落する。特にウインター・スポーツは競技人口が減少傾向にあり、底辺人口の拡大、若者層の取り込みは切実な課題になっている。競技連盟にとって、テレビ中継は多額の収入をもたらすだけでなく、競技そのものの栄華盛衰を握っているのである。

テレビ中継の都合によって、選手に新たなプレッシャーがかかり、調子を狂わせることになるのでは本末転倒だが、いまやメディアを意識しない競技スポーツは存在できなくなりつつあるのも事実なのだ。

技術的には「数十万分の1秒」も可能

「順位」優先の陸上、「タイム」先行のスキー

「電気（電子）技術」の導入によって、計測精度が高まり、スポーツが要求した精度に充分に応えられるようになったが、計測単位は競技によってさまざまだ。

競技によって、タイムの位置づけは異なる。陸上競技はあくまでも「順位」が優先し、「タイム」は結果の記録であるのに対して、スキーやスケートなどのウインター・スポーツは「タイム」によって「順位」が決まる。スキーやリュージュなどはコースが狭く、複数の選手が併走できないため、客観的データである「タイム」を比較して「順位」を導き出すからだ。

「タイム」の計測単位は、マラソンは「秒単位」、陸上の短距離走、競泳は「100分の1秒単位」だが、100分の1秒単位では明確な差が出ないリュージュ、自転車競技と短距離のスピードスケートは「1000分の1秒単位」だ。

ボブスレーは高速走行で接戦になるが、「100分の1秒単位」のままである。ただし、電気計時での100分の1秒は、計測を1000分の1秒単位で行い、1000分の1秒単位をルー

ルによって処理をして100分の1秒単位で表示している。

計時技術者の見解では、電子計時で判別できる単位は数十万分の1秒まで可能だが、その場合は対象の形が工業製品のように規格品であることが前提で、体型が千差万別の人間の個体を捉えて微細なタイムを判別するのは、簡単なことではない。

自転車競技やリュージュでは工業製品の乗物に乗り、乗物の先端部分でタイムを競うので、1000分の1秒単位でも不公平ではないが、陸上競技の競走では測定の対象を、身体のシルエットではなく、トルソーに限定しているために、対象物のフォルムを確定する方法を確立しなければならない。

なお、これだけ高い精度が要求される計時機器だが、信じられないことに電子化された計時器材の信頼性を客観的に証明することは、競技団体などから義務づけられていない。メーカー責任で実施されているのだ。今は長年の実績を持ったメーカーが中心になってスポーツ計時を行っているが、将来、新規参入メーカーが現れたときには問題になるだろう。ちなみに、セイコーでは外部機関による検定で機材の自主チェックを行っている（セイコーホールディングス・スポーツタイミング部長、梶原弘）。

ディバーズ対オッティの決勝

陸上の短距離走の計測タイムは100分の1秒だが、ビデオ画像が導入されている場合、疑念が生じたら審判団が検討するために画像を1000分の1秒単位に拡大するケースもある。

一九九三年、ドイツのシュツットガルトで行われた「世界陸上」の女子100メートル走決勝は、ジャマイカ国籍（当時）のマリーン・オッティとアメリカのゲイル・ディバーズの対決となり、競技場は異様な緊迫感に包まれていた。

特にオッティには、このレースで金メダルを獲得しなければならない重大な理由があった。八〇年代初めから、「世界トップクラスのスプリンター」と言われながらも金メダルから見放され、陰で「銅《ブロンズ》メダル・コレクター」などとあだ名されていた彼女にとって、同大会は年齢的にも最後の優勝チャンスと見られていた。

レースは、スタートで飛び出したディバーズを、オッティがぐんぐんと追い上げ、ゴールでは抜いたようにも見えた。興奮のさめない観衆の頭上に掲げられた電光掲示板のスクリーンには、順位はなかなか表示されず、レースの模様が何度も再現された。映像ではディバーズが逃げ切っているようでもあり、オッティが勝っているようにも見える。

前に突き出した頭の先端では間違いなくオッティが先に出ているのだが、二人のコースが隣り合わせのこともあって身体は重なり合っており、肝心のトルソー部分まではわからない。二人はスクリーンの前に立ち、息を弾ませながら結果を待った。

数分後に響き渡った場内アナウンスは、「一位ディバーズ、タイム10秒81。二位オッティ、タイム10秒82」と告げた。ディバーズは顔がほころび、控室に向かいながらメディアの問いかけに、「勝てたのは、わたしのほうが少し幸運だったから。二人の間に差はない。勝者と敗者を決めなければならないからこうなっただけ」とコメントしたのに対し、オッティはキッと電光掲示板の数字を食い入るように見つめたままで動かない。「わたしが勝ったと思う。充分追い上げたし、フィニッシュもよかった。抗議するわ」と判定結果への不満を露にした。

三対二の判定で決着

ジャマイカ選手団からの異議申し立てを受けて、ただちに上訴審判団は、結果の再確認作業に入った。計時を担当した時計メーカーの担当者が呼ばれ、より精密な測定データの提出が要請された。

ゴールの瞬間は当時最新鋭のセイコーのスリット・ビデオカメラ１０００Ｄで撮られていた。ゴールライン上の高品位画像を１０００分の12ミリの隙間から連続撮影し、１０００分の１秒単位で最大18秒間記録できるシステムだった。ちなみに、通常のビデオカメラの画像は1秒間に五〇～六〇コマなので、ルールが求めている１００分の1秒単位の計測基準を満たせない。

１０００分の1秒単位に一〇倍に拡大された画像と併せて、参考のために撮影されていたフィ

IAAF世界陸上1993シュツットガルト、女子100メートル走決勝のゴール判定写真。1位ゲイル・ディバーズと2位マリーン・オッティが同タイムでゴール。モノクロのため、選手の身体が重なった場合は、判別が難しい。

ールド側からの映像も提出された。当時の画像はモノクロだったため、通常の外側から撮影された画像では重なってつぶれている部分もあったが、反対の内側からの画像を参照すると、かなりの部分は補完できた。

だが、確認作業は思いのほか難航した。タイムはトルソーの最先端にカーソルを当てれば機械が瞬時にアウトプットするのだが、トルソーの特定は審判の眼に委ねられる。選手一人ずつの姿が完全に分離していればクリアなのだが、このときは二人の身体が微妙に重なり合い、場数を踏んだ審判であっても、判定には慎重になった。それぞれの首と胴体、腕と胴体の境目を正確に特定するのは極めて難しい判断だった。

画面を拡大すると細部が見える半面、境

IAAF 世界陸上 2011 テグ（韓国）、女子 100 メートルハードル決勝で、2位ダニエレ・カラザース（アメリカ）と3位ドーン・ハーパー（同）が同タイム（12 秒 47）でゴール。スピードが速い選手ほどスリムに写る。カラー化で判別しやすくなった。

目をより詳しく判断しなければならず、人によって見解が異なってくる。「国際陸連の関係者によると、五人の審判団の内、二人が両者優勝を主張し、三人が着差ありと意見の割れる場面もあったという」（AP通信）。

審査によって、詳細タイムはディバーズが10秒8111、オッティ10秒812と判定され、ルールによって1000分の1秒単位が切り上げられて、確定の公式タイムは両者とも同じ10秒82となった。

胸の高さで決まる女子短距離走

「同タイム着差あり」は、二〇〇七年に大阪で開催された「世界陸上」の女子100メートル走でも起きた。

レースは、前回優勝のローリン・ウィリアムズ（アメリカ）が先行したものの、後半にベロニカ・キャンベル（ジャマイカ）が激しく追い上げ、電光掲示板に表示されたゴールタイムは両者とも11秒01となって、順位は判定に委ねられた。このときの機材はカラーの画像を2000分の1秒単位で記録するセイコーの「スリットビデオ1000HD Pro.」だった。

カラー化の効果が発揮され、重なった選手の身体を区別することは楽になったが、審判の順位の判定には約五分を要した。問題になったのは、二位になったウィリアムズの腕と胴の境をどこと判断するかだった。国際陸連のルールでゴールインと認められるのは、トルソー部分だが、トルソーは腕を除外するため、胴との境界が問題になる。結果はウィリアムズを二位と認定した。

詳細タイムは、一位がキャンベルで11秒006、二位はウィリアムズの11秒008、三位はカーメリタ・ジーター（アメリカ）11秒020という接戦だったが、1000分の1秒単位はすべて繰り上げるルールのため、公式記録は一位のキャンベルと二位ウィリアムズが11秒01で、三位カーメリタ・ジーターは11秒02となった。

100メートルを10秒で走破した場合の1000分の1秒は、1センチに過ぎない。つまり身体の体型が着差に影響を及ぼすレベルのため、現場を多く体験した計時員によれば、「女子の短距離走」では、胸の高さが勝敗に影響するケースが少なからずあるそうだ。

競技の公平性を極める技術と工夫

計測員の主観を排除

競技に参加するアスリートにとって我慢ならないことは、不平等に扱われることだ。手動計時の時代には、選手の成績は施設や計時員の技量によって左右されていた。電気計時システムによって人間の手が介在しなくなり、計時の核となる部分は公平・公正な計時になったと見えて、それでも不公平は残っている。

一つは、屋外で開催されるレースにおける気象条件の違いだ。屋外であるかぎり、気温、湿度の違いは致し方ないが、特に影響が大きいのは風で、100メートル走で秒速1メートルの風が吹けば、タイムに0・1秒ほどの影響が出るという。

陸上競技場を注意深く見渡すと、小さな風力計が回っており、短距離走のレース後には、必ず風速を計測する。その結果、「追い風」が秒速2メートルを超えた場合の記録は公認されず、「参考記録」にとどまる。

二つ目は、スターターのピストル音が選手の耳に届く時間が、コースによって差があることだった。選手八人による100メートル走を例にとると、第一レーン（各レーンの幅は122センチ）内側と第八レーン外側の距離は9・76メートルもあり、第一レーンの選手と第八レーンの選手との間は約9・5メートルある。一方、音は、常温で1秒間に340メートル進むので、ピストル音を聞く時間には、100分の2・8秒の差が生じる。

わずか100分の2・8秒と思うかもしれないが、100分の1秒差で世界記録が生まれることもあるのだから、100分の2・8秒はとても大きな時間だ。そこで、昨今では、スターティング・ブロックの後方に、コースごとにスピーカーを設置し、ピストル音が時間差なく選手に届くようにしている。

スタートピストルも電子化

スタート装置の電子音化も、公平性に向けた改善策の一つである。

以前の陸上競技のスタートでは、紙雷管（火薬）を模擬ピストルに詰めて撃っていたが、火薬は温度、湿度、雨などの外的影響で不発になることもあるばかりか、火薬の燃焼速度が遅いときは音量、音質が不安定となり、音にばらつきが生じることが問題だった。また、保管にあたっては、温度、湿度の維持に加えて、暴発の危険性も考慮する必要があり、また民間の旅客機で運ぶのには制約が厳しい。

しかも、模擬ピストルは不発の時には爆発音は出さないが、「カチッ」という撃鉄音で走り出す選手もいる。現場では、左手に持った予備のピストルを撃って「取り消し」の合図をすることになっているが、予備ピストルの火薬も不発のことがある一方で、全員がきれいにスタートした場合は、そのままレースを成立させることもある。

これはスターターにとって悩ましい問題だった。理論的には「スタート合図は発っせられている」と考えられるが、スタートピストルが不発のために「成立はしていない」とも解釈できるからだ。

また、銃の保持が認められている国では、本物のピストルを使用するケースが多い。特にプライドの高いスターターは、自分の技術に自信を持っており、その技を発揮するために、使い慣れているピストルを使いたがる傾向があるが、本物のピストルは手動計時に必要な煙が出ないという欠点がある。一方、模擬ピストルは火薬が爆発するときの閃光が見られないという欠点がある。

セイコーは当初、電子化には、模擬ピストルをそのまま使用し、ピストルを持つ手首に腕時計の形をしたマイクをつけた装置の開発で解決しようとした。ピストルの引き金を引くと、スタート合図がタイマーに送られる。もう一つのマイクをウェアに付けてスターターの声とピストル音を拾うことにより、伝搬の時間差をなくす。ところが、手首につけるマイクは爆発音から近すぎて壊れることがある。身体につけたマイクは、上に羽織るウェアなどで機能しないこともあった。

やがてエレクトロニクスの進化につれて、火薬よりも電子音のほうが確実に伝達できるとの見方が強まった。そこでセイコーは、一九八五年頃から、合成電子音を使った電子スタート装置を開発した。スターターがピストルの型をした引き金を引くと、スイッチが入って時計が計測を始めるとともに、先端のストロボが光ってスピーカーからは爆発音が流れる。

爆発音には、アメリカで、広く使われているコルト、ワルサー、スミス&ウェッソンなどの射撃音を録音し、競技場での適合性を検討して選択した。さらに、音声合成の技術で、「ヨーイ!」などの声も再現することも可能になったので、スターターの発音や声量の違いによるマイナスの影響も防げるようになった。選手には好評で、今後は電子スタート装置の普及が進むものと見られる。

ビデオ距離計測システムの威力

走り幅跳びや三段跳びなどでの飛距離の測定には、以前は巻尺や光波距離計を使用していた。巻尺による測定は、踏切板から着地点までを人間が巻尺で計測するものだが、時間がかかる上に、距離が長いと巻尺の蛇行などで正確さに欠けることがある。

光波距離計は、着地点に目印として置いたプリズムに向けて赤外線を発射し、跳ね返ってくる所要時間から距離を割り出す方法だ。巻尺に比べればはるかに正確で、計測時間も短くなったが、目印を置くのは計測員なので、プリズムをセットした反射板のバー（棒）の傾け方で、数センチから十数センチの誤差を生じる。つまり、計測員が変われば、あるいは再度計測すれば、距離が変わることがある。

セイコーが二〇一〇年に開発したビデオ距離計測システム（VDM＝Video Distance Measurement）は、二台のステレオカメラが捉えた計測ポイントの画像をパソコン上のモニターに呼び出し、二つの画像上で計測ポイントを確定（クリック）することで、踏切板からの飛距離を瞬時に割り出す。モニター画面は二次元だが、二台のカメラと事前に設置する砂場（ピット）周辺のマーカーの位置関係から三次元（X、Y、Z軸）上の目印の座標を特定する。

カメラでの撮影が終われば、現場は整地できるので、競技の進行が早くなるし、記録された画像で、何度でも確認することができる。また、カメラの設置場所は、ピットから五〇メートル以内であれば機能するので、競技の妨げにならないよう、観客スタンド内に置くこともできる。

電子計時システムの導入で、人間の介在する余地がなくなり、計測員の違いによる結果の差もなくなった。

「電子の目」がプレイの情報公開を実現

判定チェックに観客も興奮

スポーツの計時や判定に、「電子の目」を採用するスポーツは、急速に増えている。

一つは、「ビデオ判定」だ。試合やレースをビデオカメラで収録しておいて、確認作業を人間の眼で行うが、画像をスローにしたりアップにしたりして、何度も確認できるので、判定の確実さは格段に向上した。

日本で導入が早かったのは大相撲で、一九六九年の五月場所から導入されている。導入のきっかけは三月場所で四五連勝記録のかかった横綱大鵬と前頭筆頭戸田の一番で起きた「世紀の大誤審」だった。

取り組みは接戦になり、行司の軍配は「戸田の足が先に俵を踏み越えた」との判断で大鵬に上がったが、物言いがついた。審判団が協議した結果、「大鵬の身体が先に土俵を割った」と判定する審判が大勢を占めて、行司差し違えとされた。しかし、審判長は行司の判定を支持するなど、後味の悪い結果となった。

そこでビデオ録画が採用されたのだが、大相撲で奇妙なのは、審判自身は再生画面を見ないことで、別室にいるビデオ係が視聴した結果を口頭で報告するにとどまっている。

米国ではアメリカンフットボール（NFL）での採用が早かった。審判の判定に不服がある場合に、タイムアウトの一回分の権利を使って、ビデオ判定を要求できる「インスタント・リプレイ制度」を取り入れている。

八六年に導入された当初は回数に制限がなかったこともあって要求が多発して試合が遅延するため、九一年にいったん廃止された。その後、回数を限定するなど運用ルールを改善して九九年に再開された。今では、「インスタント・リプレイ」は、「ハイライト」の再現を提供することにもなり、観客の興奮を高めるショー的効果ももたらしている。

大リーグ野球（MLB）では、二〇〇八年に導入された。試合の流れを中断しないこと、その後のボールプレイに影響を及ぼさないことなどが「ビデオ判定」の条件になっている。ビデオ判定を要求できるのは、スタンドに入ったボールがホームランかファールボールかなどのケースに限られる。

日本のプロ野球での採用は一〇年からで、米大リーグと同様に、対象はホームランに限っていて、アウトかセーフの判定などには適用されない。

柔道では、二〇〇〇年のシドニー五輪での一〇〇キロ超級準決勝の篠原信一とダビド・ドゥイエ戦での大誤審騒ぎがきっかけとなって検討が始まり、〇七年から本格的な運用が始まった。

高速のボールを捉える「電子の目」

注目されているのは、テニスとサッカーの球技スポーツにおける機械判定だ。ボールは小さい上に電波などを通してしまうが、計測のために新たに器具を取り付けると球技そのものへの影響が懸念されるため、機械判定が難しいと考えられてきた。

以前から知られているのは、テニスのウインブルドン大会でのサービスの自動判定装置だ。一九七〇年代中頃から導入されたもので、サービスしたボールが、サービスエリアを越えたときには、機械が自動的に判定し、「ピー」と警告音を発する。ただし、機能するのはエンドラインだけで、サイドラインでは働かない。

設置者が構造を明らかにしていないので、正確な仕組みはわからないが、関係者の話を総合すると、赤外線センサーでボールを感知するようだ。つまり、サービス用エンドラインの外側数センチから30センチ程度をカバーするように、コートの両サイドから赤外線の帯を張っておき、エリア内へのボールの侵入を監視する。侵入を感知すると警告音を発する仕組みのようである。

センサーにとって幸いなことは、レシーブ側の選手は後方に下がり、エリア内に入ることはないので、侵入物はボールしかあり得ないことになる。

もともとテニスでの目視によるライン判定は、かなり厳しい状況にある。サーバーからレシーバーの距離は約24メートル程度なので、時速240キロのサービス球がレシーバーに達するまでの時間はわずか0・33秒に過ぎない。野球のピッチャーの投球は、最速でも時速160キロ程度だが、世界トップレベルのテニス選手のサービスは200〜250キロにも達するため、着地点に位置する幅五センチの白線を越えたか越えないかを目視で判定するのは、ベテランのラインズマンでも相当に難しい。

ところが、近年、エレクトロニクス技術を使って、ボールの航跡を、モニター画面やスクリーンに再現する手法が実用化してきた。その一つが審判補助システム「ホーク・アイ・システム」で、センサーを電子の目に置き換え、すべてのプレイでのライン判定を行う。

ホーク・アイ・システムは英国のホーク・アイ・イノベーション社（現在はソニー資本）が、ミサイル追跡などに使われていた解析技術を使って開発をした。コート周辺に設置された六台の高速度撮影用カメラで撮影した画像からボールの位置や軌道を分析し、コンピューターグラフィックスを使って正しい航跡を、モニター画面やスクリーンに再現する。各カメラは1秒間に六〇コマの画像を撮影するので、毎秒三六〇コマの画像が集められるが、コンピューターがその軌道を計算し、白線の位置を含めた一つの画像に編集するのである。

国際テニス連盟は、二〇〇五年に同システムの導入を承認し、〇六年から四大大会（グランドスラム）のセンターコートなどで使用されている。現在のルールでは、選手には一セットに三回までの「挑戦権《チャレンジ》」が与えられ、疑問を感じた時点でプレイを中断して「挑戦権」を行使する。「挑戦権」が認められると、ホーク・アイの画像が会場内のスクリーンに投影され、主審による判定が行われるが、プレイが決着した後で、「挑戦権」を行使することはできない。選手の主張が正しい場合は、「挑戦権」の回数は減らないが、線審の判定が正しければ、回数の持ち分を減らされる。

興味深いのはその結果で、〇八年度のウインブルドン大会男子シングルスでの統計では、「挑戦権」が行使されたのは二二四回で、一六〇回は選手の主張が正しかったという（神和住純『HAWK EYE SYSTEM』法政大学・スポーツ研究センター紀要二〇〇九年二七号）。もちろん、これは選手が疑問を感じたケースだけを取り上げているわけだが、誤審の率は約七割にもなる。

また、選手のアピールがなくとも、主審が線審の判定に疑問を持てば、画像で確認することも可能だ。ただ問題は、運用費用が高いことで、一回に五万ドル以上がかかる。

ゴールかノーゴールか

サッカーでも二〇一〇年、南アフリカで開催されたワールドカップで誤審が相次いだことから、一二年に国際サッカー連盟（ＦＩＦＡ）が、ゴール判定に限って「ビデオ判定」の導入を認めた。

採用されたのは、「ホーク・アイ・システム」と、スポーツ用品メーカーのアディダスとソフトウェア会社カイロスが共同開発した「ゴール・レフ・システム」だ。

「ホーク・アイ・システム」では、ボールがゴールラインを通過すると、信号が瞬時に審判の時計に送られ、時計は警告音で知らせる。

「ゴール・レフ・システム」では、ボールの中にマイクロチップを埋め込み、細い電流ケーブルで囲まれたペナルティエリア内では、磁場の変化でボールを追跡する。ボールがゴールラインを越えるとただちに無線で審判用時計に信号を送る仕組みだが、信頼性やコスト面で問題があると判断され、〇八年に使用は停止された。

興味深いことは、電子技術の導入とともに、競技団体が判定のデータ・資料を積極的に公開するようになって、判定の透明性と信頼性が高まったことだ。特に、「電子の目」や「ビデオ判定」では画像や映像が使われてわかりやすくなっただけでなく、競技場のスクリーンに再現されることで、観客の関心をかき立てる効果を生む。

競技審判は、とかくプライドが高く、自分の技量に自信を持っていることもあって、判定を密室内で行う傾向が強いが、これらの権威主義がマイナスに働いたことも事実である。計時の電子化は、情報公開につながり、競技への理解を深めることに大きく寄与している。

プレーヤーと観客をリアルタイムで結ぶ

オフィシャルタイマーが近年取り組んだのは、計測のリアルタイムでの公表だった。ストップウオッチによる「手動計時」の時代には、複数の計時員の測定した数値をルールに従って整理・加工し、着順審判と結果を照合し、審判団の審査を経て公表されたので、記録の公表までには数分を要した。

写真判定装置の導入によって照合作業はなくなったが、今度は写真の現像とデータの読み取りに時間がかかった。フィルムを現像し、焼き上げた写真を拡大鏡に入れて走者のトルソーを確認し、写真に焼き込まれた時間表示の目盛を読み出す作業が必要だったからだ。

そこで採用されたのが「暫定結果」の発表で、一組の光電管装置をゴールにセットしておき、ビームラインを横切るタイムを瞬時に表示する。光電管は身体のすべての部位を対象にするので、「トルソー」ではなく頭部や手足を捉えていることも多く、画像で確定する「トルソー」よりも0・1秒程度早まる傾向がある。したがって、速報値では世界記録だったものが、公式タイムでは成立せずにぬか喜びになるケースもあった。

一方、写真判定装置の有用性は高く評価され、国内でも一九六五年頃から、主要競技会で使われた。日本陸連では、その後、審査時間の短縮を図り「正式タイム」の公表までの所要時間を三分にまで縮めた結果、短距離走では七一年から、スタート〜ゴール〜記録発表〜次組の選手紹介

～次組のスタートを5分サイクルでこなせるようになった。

時計メーカーも発表時間の短縮化に取り組んだ。セイコーでは、一九九一年に写真をビデオに切り替えることで現像時間をなくし、電子化されたデータを活用して、画像の中のトルソー先端部にカーソルを当てるだけでタイムを呼び出す装置を開発した。

ビデオカメラではデータの加工の必要がなくなり、最終画像を確認するだけで正式記録になることから、国際陸連は、リアルタイムで記録されるデータの公表を認めた。

また、データをオンラインでテレビ中継局に送る技術が開発され、テレビの視聴者は、リアルタイムで正式タイムを知ることができるようになり、観衆やテレビ視聴者の盛り上がりは格段に高まった。もちろん、ルール上の問題が生じたらタイムは修正される。世界記録は、後日開かれる計時委員会での手続きを踏んで正式に承認される。

さらに、近年の競泳のテレビ中継では、スプリットタイムやゴールタイムの表示に選手の国籍を国旗で表示する技術も加えられている。これは日本のテレビ局が開発したもので、テレビ画面では、あたかもプールの底面に国旗が広げられるように映り、愛国心も刺激されるようになった。

失敗すれば世界中に知れ渡る

リアルタイムになってがぜん関心が高まったのは、途中のスプリットタイム（途中経過時間）

だ。スプリットタイムで最終予想タイムや新記録の可能性を知ることができるほか、スキー競技ではリアルタイムで順位がわかる。

リアルタイムをもっとも積極的に活用しているのは、テレビの生中継だ。昨今では、スキーや競泳競技でのスプリットタイムや過去の記録との照合を、盛んに画面に表示するようになった。競技の途中で表示することで、世界記録や大会記録の可能性がわかり、アナウンサーが新記録を連呼し、観客は期待感をもって応援できるため、競技に対する関心が格段に高まる。

だが、これは、計時者に大きなプレッシャーになっている。計時の結果だけでなく、過程のすべてが世界中にリアルタイムで報じられるからだ。実際の計時は、二重三重の体制で行われているが、テレビ中継に使われるのは主システムであり、主システムで完璧に計時されないと、視聴者には「失敗」とみなされる。

例えば、競泳で選手のタッチが「流れた」場合、これまではバックアップのビデオカメラの画像を確認して、揃えて正式タイムを公表すればよかったのだが、リアルタイムになると、該当する選手のタイムが表示されないばかりか、全体の順位にも影響が出る。「修正」は視聴者には「ミス」と映るのである。ましてや、アナウンサーが計時の仕組みを知らないと、とんでもない報道をされることがある。

かつて、あるオリンピック中継の競泳種目で、そのような例が発生した。二位でゴールした選手が、泳ぎ切って電光掲示板を振り返ったところ、自分のタイムが表示されていなかったために、簡単にあきらめて控室に帰ってしまった。それを見たアナウンサーは、「計時ミス」の言葉を連発し、日本の視聴者にも誤った印象を与えてしまった。

第4章

計時ミス・ゼロをめざして

スポーツイベントを支える時計メーカー

オフィシャルタイマーとは?

オフィシャルタイマー（公式計時）とは、主催者から委託されてコミュニティやイベントにおける時間の計測や表示（得点を含む）を行う担当者のことで、大規模な競技会になると、機器や熟練した計測員が多数必要なことから、時計メーカーであることが一般的だ。

なお、本書ではもっぱらスポーツ競技の計時を扱っているが、スポーツ以外でも、オフィシャルタイマーが設けられることがあり、過去には、万博会場などでのオフィシャルタイマーの例もある。一九七〇年の大阪万博、八五年のつくば科学技術博ではセイコーが務めた。大阪万博では、親時計となる原子時計を運用し、「太陽の塔」から無線で時間信号を飛ばして、会場内五〇か所に設置した一一〇基の子時計をコントロールするシステムを運営。それによって、万博会場は「世界一高精度な時間社会」になった。

基本的には器材（開発・製造）とスタッフ（設営・操作）はオフィシャルタイマーが負担し、ピーアールや宣伝効果で投資を回収する。オフィシャルタイマーはピーアール効果を高めるために最新器材を用意するが、主催者側は充分な質量の器材を調達でき、設置・保守を含めて無償で使えるので、メリットが多い。

スポーツの公認記録に認定されるには、主催する競技組織のルールに基づいて計測されることが必要で、国内大会であれば、日本の陸上競技連盟（陸連）、水泳連盟（水連）、スキー連盟など、国際大会では国際組織の陸連、水連、スキー連盟などの指示に従う。

ちなみに、日本陸連の競技規則によれば、計時員は「時計を使用して、指定された競技者の競走時間を計る」とされ、任務は「各走者の時間を記録して、公式の時間を決定し、公表する。八〇〇メートル以上の競走では、途中時間も計る」ことが明記されている。また、主任は「各計時員の分担を決め、各計時員から報告された時間を確認するために、計時員の時計を検査することができ、競技者の公式時間を決定する」と定められている。

計時員は必ずしも主催者のスタッフで行われるとは限らず、連盟の意向でオフィシャルタイマーのスタッフが代行するケースも多い。

百億円を上回る五輪の器材

オリンピックのオフィシャルタイマーは、以前は開催地の組織委員会が選定していたが、近年はＩＯＣが選定する。ただし、国際連盟は管轄競技については「拒否権」を行使できる。したがって、オリンピックのオフィシャルタイマーを獲得するには、IOCと各競技連盟の両方の信任を得なければならない。

使用器材は、ストップウォッチで行う「手動計時」の時代には限られたものだったが、電気計時になってからは、器材をつなげてシステム化が図られたほか、先端技術を使った表示板など、大掛かりなものが多くなった。そのため、器材はいくつかの大会で使い回し、必要に応じて新たな器材に入れ替えるのが一般的だ。それでも、テレビ放送へのリアルタイムでのデータの提供や情報処理（リザルト）の一部分担まで求められるようになり、オフィシャルタイマーの負担は格段に増している。

二〇一二年のロンドン五輪でオフィシャルタイマーを担当したスイスタイミング社は、四五〇人のスタッフと合計四二〇トンの機材をロンドンに送り込んだ。その器材には、七〇台の観客向けのスコアボードや総延長で一八〇キロにも達するケーブル（一部は光ファイバー）も含まれていた。大会期間中の器材の操作には、同社のスタッフのほか、約八〇〇〇人のボランティアも動員された。

昨今のオリンピックの計時機器を一から揃えるには百数十億円の投資と、器材と競技ルールに精通したスタッフが多数必要になるため、一度の総合スポーツイベントのために、計時機器をすべて用意することは難しい状況だ。

五輪の計時をできるのは二社のみ

現在これだけの能力を有しているのは、世界でもスイスのスオッチグループのスイスタイミング社と日本のセイコーの二社だけだ。新規の企業がオリンピックのオフィシャルタイマーをいきなり担当することは不可能といっていい。

一九七二年のミュンヘン五輪のオフィシャルタイマーはドイツの時計メーカーのユングハンスだったが、実際の作業はスイスタイミング社に委託したという例もあった。

スオッチグループでの計時作業は、一括してスイスタイミング社が行うが、費用は宣伝を希望するブランドが負担する仕組みになっている。したがって、大会によって、あるいは競技種目によって、宣伝するブランドを使い分けている。競泳はオメガ、自転車はティソ、体操はロンジンといった具合だ。

オフィシャルタイマーの業務の肥大化によって、請け負う企業の負担は巨額なものになり、時計メーカーの事業規模では過大な額になりつつある一方、ピーアール効果のインパクトは、以前よりも薄まっている。オフィシャルタイマーを務めただけで販売が劇的に変わるような市場は少なくなった。

一方で、世界的規模の総合イベントへの新たな参入がないために、IOCや国際陸連とオフィシャルタイマーの関係は微妙なものになっている。

IOCが決める五輪の計時

オフィシャルタイマーの選定は、主催者やIOCの提示する選定要綱に、意思のある企業が応じる形でスタートする。計時の考え方や特徴、器材の仕様、台数、表示装置の有無、支援員の規模、新たな提案などをIOCに提出して選定を受ける。

以前のオリンピックでは開催国の組織委員会が選定していた。

一九六四年の東京五輪では、主催者の組織委員会がテーマに「科学のオリンピック」を掲げたように、計時技術にも「先進科学」が求められた（第1章参照）。

ところが、八四年のロサンゼルス五輪では、事業の赤字を回避するために商業主義が重視され、初めてオフィシャルタイマーにも公認料が要求された。一方、九四年のリレハンメル冬季大会では、「地球環境に優しい競技会」「なるべく自国民の活動で運営する」ことを掲げたため、オフィシャルタイマー側の支援員の数は必要最小限に絞られた。

実際の計時作業は、大会組織委員会と競技連盟の指揮下で行われ、受託の条件にしたがって、器材・人員を整えるが、輸送・設置・運用はオフィシャルタイマー側ですべてを行う。一方、大会規模（競技種目、参加人数）の拡大によって、データの機械化・コンピューター化で対応しなければ捌けない状況になっており、オフィシャルタイマーの役割はますます重要になっている。

一方、スポーツの商業化が進み、注目度の高いオリンピックなどでは、オフィシャルタイマーもサプライヤー（協賛金を払って物品の提供や広告活動のできるスポンサー）として扱われるようになり、権利を獲得するのにスポンサー料が必要になるケースが増えている。

競技連盟としては、大会ごとにオフィシャルタイマーが替わるような手間を省き、スムーズな運営を望むので、複数大会の計時をパッケージで決定する傾向にある。

オフィシャルタイマーとしては、巨額な費用を回収するためになるべく独占したいが、この分野の候補はただでさえ少なく、競合がなくなってしまうと、依頼する側の立場が弱まり、主催者側が費用を負担することも考えられる。ＩＯＣや国際陸連などの主催者にとっては、独占と競合のバランスをどうとるかが重要になってきている。

ちなみに、オリンピックのオフィシャルタイマーでは、二〇二〇年までの夏冬の大会をスイスタイミング社が権利を獲得し、昨今の「世界陸上」はセイコーが担当することになっている。

計時の現場はトラブルだらけ

摂氏五〇度の高温からマイナス三〇度まで

オフィシャルタイマーの作業チームの苦労は、開催地の自然条件やインフラにかかわらず、最新のシステムを期日までに完璧に立ち上げなければならない点にある。

大きな問題は開催地の気象環境条件だ。通常の時計は屋内や人肌に接する環境で使用されるために、摂氏四〇度以上や零度以下になることはほとんどないが、夏に屋外に放置される器材は五〇度以上の日光にさらされ、ウインター・スポーツの開催される山の上では、マイナス三〇度の極低温下に幾晩も置かれることも稀ではない。極寒の地域ではゴムで覆われた電線も弾力性を失って、もろくなり、電子部品の機能は低下する。

北海道の富良野では、初めてオフィシャルリザルトを担当したコンピューターメーカーのスタッフが、レースの前日に乗り込んだものの、肝心のパソコンが立ち上がらず、四苦八苦する光景も横目で見た。通常の気象条件では当たり前に作動する機能も、厳寒の環境では簡単に動かないのである。

セイコーでもバルセロナのプレ五輪では、日中の高温と強烈なスコールに悩まされた。昼間の日射しの強さは半端でなく、午後には屋外プールに設置したタッチ板が膨張して、反応が鈍くなってしまった。あれこれ考えて試してみたところ、結局は目の粗い安物のタオルをタッチ板に掛けておくと、水を吸い上げて気化熱で冷却し、膨張を抑える効果があることがわかった。ハイテクよりもローテクのほうが環境への対応力がある。

さらに、毎日午後に発生するスコールは、雨の量が半端ではなかった。屋外に設置した器材は相当な雨を毎日浴びるが、屋内に撤収するわけにはいかない。逆転の発想で、器材の防水性能を高めるのではなく、器材の中に入った雨がなるべく早く外に出るよう改良し、翌年の本番は安心して運用することができた。

雪質の違いも影響する。セイコーでのウインター・スポーツの器材は諏訪で開発していたが、長野県と北海道とでは雪質がまったく異なっていた。諏訪は水分が少なくサラサラの雪が多いのだが、富良野の雪は水分が多いボタ雪で、大雪になると雪片が重なって光電管を塞ぎ、バサバサと信号が入ってしまうのだ。幸い準備期間が充分にあったために、改造することができた。

使い慣れた器材でも、自然環境が変われば、スムーズに稼働しないことが多い。頭だけで考えるのは危険だ。経験に頼ることなく、事前に現地で確かめること、現地の情勢に合わせて柔軟に対応することが求められる。

電源がコーラ自販機経由

100分の1秒や1000の1秒のシステムを動かすには、社会にそれなりのインフラが整っていることが必要だが、世界全体で見れば、整っていない地域のほうが多い。

フィリピンの大会では、電子部品が故障したために、「マニラの秋葉原」と呼ばれる電気街に買いに行ったのだが、代替部品を調達することができず、手持ちの部品を加工して間に合わせたこともあった。

すべての予備部品を日本から持っていくとなると、器材の輸送量が膨大になるため、現地調達できそうな部品は持っていかないのだが、甘かった。日本では簡単に調達できる部品でも、電子化の進んでいない地域ではそうは行かない。現地の流通の事情や、規格の違いによって、入手が困難な部品も多い。電力一つとっても、日本では停電はめったにないが、停電や電圧低下の頻発する地域では、それなりの対応が必要だ。

以前の器材では、停電の折には消費電力の大きな表示板を消灯し、操作盤はバックアップ用の乾電池で動かし、通電後に正しいデータを表示する対応策を設計に組み込むことで対応できていた。しかし、コンピューター化された昨今の器材では、停電すると記憶されていたデータが瞬時に消えてしまうため、重要な器材には停電しても、三〇分間はそのまま動き続けるバックアップシステムを備えるようにしている。

また、競技会場が仮設であるために、設備に想定外の事態が起こることもある。なかでも、計時機器までの電源ケーブルは他と共用ではなく、専用線で引くよう依頼するのだが、叶えてもらえないこともある。

バルセロナのプレ五輪では、器材の設置後にテストしたところ、スイッチを押していないのに、スタート信号やゴール信号が入ってしまうことがあった。慎重に配線をチェックしてみると、タイマーへの電源がコーラの自動販売機を経由していた。選手が競技をしていないにもかかわらず、誰かが自動販売機で購入するたびに発する「ガシャ」という雑信号を拾ってしまっていたのだ。

計時の世界で日本の「常識」は通用しないばかりか、「常識」で考えていると、危険な兆候を見逃す可能性がある。あくまでも、現場で五感をフル活用して、「異変」「違い」に気づくことが重要なのだ。

屋根上のスピーカーさえ盗まれる！

残念な話だが、発展途上国で、計時チームの警戒は器材のトラブルだけでなく、「盗難」にも向けられる。

国内では目の多い昼間に盗難に遭うことはまずないのだが、一部の発展途上国では、そのような日本の常識は通用しない。セイコーの計時チームも、かつて苦い経験をしたことがある。ある国の大会でスタッフが設営を行っていると、見知らぬ現地人が数人で荷物の運搬を手伝ってくれ、「親切な人たちだ」と感謝しながら荷物を渡していたところ、荷物の集積点にはケーブルが一本も届いていていなかったのである。

ケーブルは換金性が高いため、まんまと彼らの作戦に引っ掛かってしまったのだ。盗まれたケーブルの費用もさることながら、短時間に同じ規格のケーブルを調達するのが大変だ。それ以来、荷物の搬入は、「顔のわかっているスタッフ限定」「手渡し」が原則になっている。

また、国内の大会では、競技場内に関係者以外はいないのが普通なのだが、発展途上国では、競技場の周辺や中に一般の人が多数いることが多い。また、大会事務局のスタッフなのか非関係者なのか見分けがつきにくいのも悩ましいことだ。

筆者が危ない体験をしたのは、ある南の国だった。選手もいないのに大勢の民衆が集まってきて、われわれの設置作業を注視している。先輩から、「知らない人間には気をつけろ」とは聞いていたのだが、気軽に声をかけてきて、手伝いたがる現地人が少なくなかった。

スタッフ同士で「手渡し」を行っているところへ人懐こい笑顔で割り込んできて、荷物を受け取ろうとする。必死で「ＮＯ」を連発して排除するのだが、「本当に好意ならば申し訳ない」という気持ちが頭をもたげてくる。だが、そんな曖昧な気持ちが吹っ飛んだのは、器材の包装物だったポリエチレンの袋が風に舞ったときだった。すかさず、近くで見ていた群衆の中から二人の少年が駆け寄り、取り合いの末に、風のように素早く持ち去った。日本では、風に舞っても誰もがゴミとして拾おうとも思わないものだ。

少々過敏になっているのではないかと思ったのだが、翌朝、競技場に行って仰天した。地上から一〇〜一五メートルもある屋根の上に新たに設置された主催者のスピーカー一〇個のうち、七個が盗まれていたのだ。足場がなければ簡単に上がれる場所でもなく、大人では重みで屋根が耐えられないような構造である。

大会が始まって、郊外での作業には警備のためのガードマンを雇ったのだが、驚いたことに、ガードマンはライフル銃を持参してきた。しかも、情けないことに、朝食を食べていないとの理由で、日当の一部の前借りを求めてきたのである。

「立派なライフル銃を持っていながら、朝食を買う現金もない」という現実は、アンバランスな感じがするだけでなく、危険な状況でもある。警備の仕事が見つからないガードマンは、果たして何をやるのだろうか。

大会期間中、われわれは、器材や荷物から目を離さず、必ず二人一組で行動した。その成果もあってか、器材の盗難はなかった。いや、もしかするとスタッフの目の行き届かないところではあったのかもしれないが、少なくとも運営に支障をきたすことはなかった。

万が一のリスクに備える

間一髪で免れた新潟地震

計時を完璧にこなすには、一つのミスも許されない。うまく行って当たり前の世界であって、「想定外」の事態が起きても、タイムをとることをあきらめるわけにはいかない。そこで、セイコーが鉄則にしているのが、リスクを分散することだ。

海外での計時支援の器材の搬送には、船便、航空便、スタッフの携行を組み合わせる。もっとも多いのは船便で、大きな時計や表示機器が中心になるが、一箱三〇〇〜七〇〇キロの木箱で三〇〜五〇箱、オリンピッククラスの大会では、約一〇〇箱にもなる。

次は航空便で、精密部品を使用し、振動や温度など保管に気をつけなければならない機器を中心に送り出す。そして最後に、機器の頭脳的役割を果たすものや取り扱いに注意を要するものをスタッフが携行する。輸送費だけでも莫大なのだが、セイコーはあえて二〜三便ずつに分けて運ぶようにしている。器材はほとんどが〝一品もの〟で、事故に遭ったら、簡単には補充が利かない。

それほどまでに「リスクの分散」を徹底するのは、過去に「ヒヤリ」とする体験をしたからだ。一九六四年、東京五輪の年、一〇月に開催される本番の最終テストを兼ねて、六月の新潟国体に器材のすべてを持ち込んで計時支援を行った。器材はすべて順調に作動し、競技関係者からも好評を得て計時作業は無事完了した。撤収したすべての器材は臨時に借りていた倉庫に集められて梱包し、四日後の六月一五日に東京に向けて発送された。

ところが、翌一六日に新潟地震が発生し、地域一帯が焼き尽くされて壊滅的な被害が出た。同倉庫も大火災に呑み込まれた。もしも発送が一～二日遅れていたなら、器材は壊滅し、再製作は到底間に合わなかったので、オリンピックの計時支援を辞退しなければならないところだった。まさに間一髪の状況だ。

それ以来、セイコーは支援員の移動、器材の輸送は必ず二～三班に分け、リスクの分散を図っている。

主催者の要求以上の対応

オフィシャルタイマーは主催者の要求仕様にしたがって実施されるのだが、ときとして計時者の〝過度な〟対応が役に立つこともある。

例えば、前述した五〇キロ競歩の決勝。一九九一年に東京で行われた「世界陸上」でのことだ。

アレクサンドル・ボタショフとアンドレイ・ベルロフのソ連人（当時）選手同士の優勝争いは競技場の中までもつれ込み、二人は金メダルを分け合うために肩を組んで、ゴールインした。計時室にいた計時支援員は、競技役員からの指示はなかったが、機転を利かせてとっさにビデオ判定装置を動かし、画像で着順を判別することができた。

私が驚いたのは、計時体制そのものの正当性を立証するための対応だ。アジアのある国で行われた自転車の周回レースで、計時担当者が数十分にわたる競技全体の模様を、ビデオに収める用意をしたことだった。その説明を聞いたときには、正直、むだなことをすると思った。通常でも計時作業に入ると人手は足りなくなり、余計な作業はなるべくしたくないものだ。

技術責任者に「そんなことが必要なんですか？」と質問すると、「必要がないまま終われば、それに越したことはないんです」との答えだった。口には出さなかったが、「取り越し苦労だな」と思った。

ところが、レースが始まると、すぐにその必要性が理解できた。レースは一周400メートルのトラックを三〇周するが、三周を終えたあたりから着順を判定する審判が席を外したり、競技から目を離すようになったのである。

先頭集団が正面にさしかかるときには全員が席に揃うのだが、それ以外は、新聞を読んだり、コーヒーを取りに行ったりして、役員席が無人になることが多くなった。やっかいなのは、バックストレッチで先頭が最下位の選手を抜いても、審判が見ていないことだ。われわれは、審判から指示はされても、審判にクレームをつける権限はない。

そんな状態だから、途中で一位選手の経過時間（スプリットタイム）を計測しようとすると、対象選手の認識がずれるようになる。

セイコー担当者「この選手のタイムを計測します」

大会計時役員「違う。次の選手だ」

セイコー担当者「次の選手は最下位で、先ほどバックストレッチで抜きました」

大会計時役員「オレは見ていない。次の選手がトップだ」

セイコー責任者（計時チームに向かって）「今議論している暇はない。両方タイムを取っておけ。後で説明する。おい、全景ビデオはしっかり撮れよ」

ビデオ撮影の重要性がぜん高まり、計時室に緊張感が走る。競技役員の指示どおりに動いていたら、オフィシャルタイマーの役目が果たせなくなる事態に突入したのである。

結果として、レース終了時点では、正しいトップと大会計時員の主張するトップの二人が存在し、一位と二位の選手は一周多く走らされた。セイコーは計時の結果とビデオテープを持参して国際連盟の役員に説明し、納得を得た。立証する映像がなければ、水掛け論になるところだった。

その日の作業を終え、ビールを飲みながら遅い夕食を取っていると、ホテルの食堂のテレビでは、レースの中継ビデオが流され、アナウンサーは盛んに「セイコーの間違い」と絶叫していた。国民にはどう受け止められたかはわからないが、少なくとも公式記録は間違いなく承認されたことで、われわれの仕事は完結した。

世界記録は100分の1秒や1000分の1秒単位になっているが、この単位で大会を運営できる組織や器材を備えている地域は、まだ限られているということだ。逆に言えば、計時支援員チームの存在は、その制約をなくすことができる点で、世界のスポーツ界に貢献していると考えている。

課題は海外での体調管理

大会期間中の計時支援員の安全・健康管理も重要な課題だ。大規模な大会になると、計時支援チームは、もともとの専任スタッフを核に、社内から臨時に応援メンバーが指名されて、組織される。私は専任部署に配置されたことはなかったが、宣伝・広報という近い部署に長くいたこともあって、駆り出されることが多かった。

応援メンバーは担当競技が割り当てられて、計時の基本的心得、競技のルール、器材の操作を叩き込まれて現地に赴くのだが、重要なのは健康管理である。もちろん、病気にならないようにするのは当然なのだが、支援期間中の体調を整えるのがけっこう難しい。

事務職のサラリーマンは、会社を終えれば、あとはどんな過ごし方をしてもかまわない。翌朝二日酔いでもなんとか務まるが、支援チームに入ると、二四時間が団体生活である。勝手に我を通すと他のメンバーに迷惑がかかる。それを考えると、自分のペースが保てなくなる。

深刻なのは居住空間だ。充分な居住空間がないと身体が休まらないが、大会では仮設や臨時のスペースを充てがわれることが多く、不自由な生活もめずらしくない。

私がもっとも苦しかったのは、スキーの計時支援に行ったとき、毎日狭い部屋で雑魚寝を強いられたことだ。

スキー会場は町から離れていて、宿泊施設が限られていることが多い。当初は主催者が近くの高級ホテルを用意してくれる約束だったのだが、国際連盟の本部から役員が多数来日することになり、われわれ支援チームは狭い民宿に押し込められた。そこで、一部屋に四人ずつが寝起きしたのだが、荷物や機器の置き場を確保し濡れたユニフォームを乾かすと、部屋のスペースは半分になり、脚を折り曲げて寝ることになった。

毎日雪山を歩くだけで疲れる。おまけに作業で雪掘りなどの肉体労働も多い。疲れ切っているからこそ寝つけるのだが、寝ても疲れはとれなかった。

海外での支援となると、さらに条件は厳しくなる。日本とは気候も、食生活も、生活環境もまったく違う異国の地で生活するだけでも大変だ。日頃はエアコンに護られた環境下でデスクワークをしている人間が、屋外で長時間労働するので、体調を崩しやすい。

特に要注意なのが、日射しの強さと水だ。日本よりもはるかに強い日射しの中で、長時間仕事をしていると、感覚が鈍くなる。のどが渇き、清潔とはいえない水を大量に飲むと、消化器系の障害や病を併発することになる。現地の人々が「問題なし」と飲んでいる水道水や、溜め水でも、日本人の胃腸には危険すぎる。生活が向上した半面、雑菌に対する日本人の免疫力が相当に低下してしまっていることを痛感する。

カイワレ大根を宿泊先で栽培

もちろん、事前に「生水は飲まない」よう指導されるのだが、意外に盲点になるのが、飲料水に入った氷や生野菜だ。水には気をつけていても、水割りの氷やサラダにやられることもある。

宿泊するホテルでは必ずどこかの部屋で私設バーがオープンする。どこからともなくビールや酒が集まり、熱い議論が夜遅くまで交わされる。もちろん、これはまったくの自由参加だが、慣れない土地で計時支援を成功させるには、繊細さ、チームワーク、そして何事にも動じないタフさが必要なのだ。そこで必要になるのが氷だが、水事情の悪い地域では、チェックイン前にできている氷をいったん捨て、製氷皿を熱湯消毒して、持参したミネラルウオーターで満たす。

海外ではミネラルウオーターが頼りだが、安心なはずのペットボトル入りでも、地域によっては水道水に入れ替えられた「密造」もあるから、油断はできない。

密造ウオーターは、サービスのつもりか、キャップぎりぎりまで、目一杯満たされていることが多く、まとめて数本を買うと、水の量がまちまちになっている。小さな店でミネラルウオーターを買うときは、キャップがきちっと閉まっているか、水量が適切か、水の色などに異変はないかを確認してからでないと、口にしてはいけない。日本では、手軽で安い水だが、海外での「安全な水」は高価な飲み物なのだ。

セイコーで長年、計時業務に従事し、スポーツタイミング部長も務めた末松一正は、水の危ない国での計時に行くときには、必ずカイワレ大根の種を持参していた。現地のホテルで荷を解くと、持ってきた発泡スチロール製の皿を取り出して脱脂綿を敷いて水を張り、種を蒔く。日のあたる窓際やベランダに容器を置いておくと、カイワレ大根は一週間程度で食べ頃にまで伸びてくるので、種を蒔く時間差をつけていくつかの「マイ野菜工房」を整える。街中《まちなか》のレストランでサラダは我慢し、自室に戻って、カイワレ大根をハサミで切って、塩や醤油をかけて食べるのだ。

もちろん、切り取った大根を水道水などで洗うと元の黙阿弥なので、そのまま口に運ばなければならない。計時支援は、機器の取り扱い以外にも、重要なノウハウがたくさんある。

折り紙による民間外交

昔のセイコーの計時チームには、専任の広報スタッフがいた。器材の仕組み、特徴、競技ルールに精通し、広報のノウハウ、メディアとの人脈を持つスタッフだ。

長らく海外広報のスタッフを務めたのは、ピーアール会社に籍を置いていたバリー佐伯だった。ハワイ生まれの日系二世で、もちろん英語には不自由しない。背の丈は一九〇センチほどの大柄な体型で、愛嬌を振りまくタイプではないが、ボソボソと発する言葉は実直そうで、信頼のできる人物だった。

佐伯には体型からは想像もできない特技があった。それは、何と日本の折り紙だ。いつも、ポケットに折り紙を何枚か持ち歩き、頃合いを見て、相手の興味を持ちそうなものを折り上げるのである。

正方形の紙に大きな手がかかると、ミニチュアの花や動物ができあがる。相手は驚き、「鳥はできるか」「船は折れるか」などと興味を示してくるので、心理的な距離が一挙に近づく。相手はリクエストした小さな作品を、「家族や友人に見せたい」と大事に懐にしまう。信頼関係ができれば、コミュニケーションは簡単だ。セイコーの計時の広報は、民間外交大使の佐伯にサポートされた側面も大きい。

一方、セイコーの計時チームには、一九八〇年代から内々で、海外での計時支援の折に、半日の「観光」が認められるようになった。それ以前は、海外出張なのだから、「観光などとんでもない」ことだったのだが、ある国の政府関係者からあきれられた。

「いつ日本には帰るのですか」

「器材の撤収が明日完了するので、明後日立ちます」

「我が国の××へは行きましたか？」

「行っていません」

「では、◯◯は？　△△は？」

「見ていません」

そう答えると、にこやかだった表情が急に曇り、「まったく、理解できない」、むしろ「気持ちが悪い」といった表情になる。

「オー、一か月近く滞在しながら、××も見ないで帰るというのは、我が国に来ていないのと同じです。我が国を理解しようという考えはないのですか？　日本人は仕事だけして帰りますが、まるで機械みたいですね。何のために人生を過ごしているのですか」

それ以来、計時には「相手国・国民をまず理解することが前提」との責任者の英断で、半日の観光時間が認められるようになった。計時チームのメンバーは、相手国の国民と日本人を結ぶ草の根外交官でもある。

一にチェック、二にもチェック

自分の目で愚直に確認を繰り返す

セイコーの計時支援チームの鉄則は、徹底的なチェックの義務化だ。大規模国際大会で計時支援チームの先発隊が現地入りするのは、大会の二週間も前である。大会事務局と確認を行う一方で、本体の受け入れ態勢を整える。

まず問題なのは、競技役員の呼称と役割・権限で、それをしっかりつかんでおかないと事がスムーズに運ばないが、難しいのは、それらが競技によって異なることだ。

陸上競技を例にとると、一番上に位置するのはジュエリー・オブ・アピール（上訴審判員）と呼ばれる審判員たちで、競技運営の最高決定機関として、抗議を裁いたり、選手を失格させることができるメンバーだ。実際の競技では、トラック、フィールド、ロードレースに各一名配置されるレフェリー（審判長）が最高責任者で、天候不順による競技の中止や順延、イエローカード（注意）やレッドカード（失格）などを宣告する。ルール違反やコース侵害などを判断してレフェリーに報告するのはアンパイア（監察員）で、レフェリーの補佐と位置づけられ、着順を判定するのはジャッジ（決勝審判）となる。

大会の一〇日くらい前に、スタッフ本体と器材が到着する。器材は精密機器だから入念に梱包されていて、開梱、点検に一日がかかる。

重要なのは、梱包の仕方を理解しながら、かつ梱包材を傷めないように丁寧に開けることだ。搬出には同じ梱包材で荷造りして送り出すのだが、このとき運送業者はいないので、自分たちで荷造りする。そのため、開梱するときに、プロが施した固定方法やパッキンの入れ方などを憶えておくようにする。

翌日から、現場の状況を見ながら設置作業にとりかかるが、この段階で、電源などのインフラが完成していないことも多い。器材の設置は順調に行けば四～五日で完了するが、あとは徹底的な点検・確認を繰り返す。

ただ、開催地や大会事務局によっては、通関が遅れたり、依頼していた設備や備品が準備できていなかったり、事前の打ち合わせから変更になっていることも多く、器材やプログラムの変更・修正が発生するケースがある。特に近年のシステムはコンピューター化のウェイトが高いために、プログラムの修正には時間をとられる。

確認でもっとも重視するのは、電源だ。電子計時で電源が損なわれれば、すべての機能が失われる。電源ケーブルは可能なところまで遡って、毎朝愚直にチェックする。外部の作業員に頼らずに、すべて自分たちの目で行う。しかも、大会会場はさまざまな人々が出入りし、他の関係者もさまざまな仮設工事を行うので、何が起こるかわからない。絶対の安心はないのだ。

プールの底のそのまた下を

私が怖い思いをしたのは、プレオリンピックに間に合わせるために、バルセロナに完成したばかりの競泳プールでの作業だった。工事は完全には終わっておらず、機器の場所まで引かれた仮設の電源ケーブルをたどってみると、五〇メートルプール底面の下につくられた空間をくぐって、反対側の壁面のコンセントに達していた。そこから先はコンクリートの壁面に埋め込まれた恒常設備なので、チェックの対象は壁面のコンセントまでとなった。

プール底面の下の空間は、プール自体の点検・補修のために設けられたようで、底面が二重構造になっていて、その隙間を人間が中腰で行き来するようになっている。通常は用のない場所なので他に人はいない。そこへ毎朝一人でチェックに行くことになった。

空間は、薄暗いだけでなく、湿気が多く、ひんやりとしている。上には大量の水を湛《たた》えた何百トンものコンクリートの箱が空中に浮いた状態で設置されており、支えの柱がない。その底面を二〇メートルほどかいくぐっていくのは、気持ちがいいものではない。

これが日本のゼネコンと日本人の労働者の手でつくられたものであれば安心できるのだが、なにしろここは、失礼ながら、陽気で遊び人の多いスペインだ。デートのことでも考えながら、気が入っていないこともある。点検中にコンクリートが壊れればもちろんのこと、また大きなひび割れでもできれば、避難口がないので、溺死は免れない。そんなことを考えていると、プールも不気味に見えてくる。

だが、三日も通っていると、怖がっている自分がおかしくなった。これだけの大工事をやる企業なのだから、日本もスペインも変わらないはずだ。工事の品質を信用しないのは、自分の偏見だろうと考えたからだ。

ところが、その杞憂は五日後に現実のものになった。大会が始まって、客席に観客が入場したところ、コンクリートに留められた六人掛けの座席が外れて、二列にわたってまとめて落ちたのである。

翌日から、朝の点検にプールの下の空間に「潜り込む」のは、プールに飛び込むよりも、勇気のいることになった。

ネズミがかじった電源ケーブル

セイコーの計時支援チームに徹底的な電源チェックの義務が課せられるようになったのは、一九七八年のマニラでのバスケットボールの世界選手権大会での教訓からだ。

初めてのバスケットボールの支援ということで新たに製作した二台の大型表示板のうちの一台が、試合の開始直後からおかしくなった。脈絡もなく、でたらめな表示をするため、故障した一台の表示を消して技術者が裏からこっそり点検をしたが、目立った異常は見つからない。応急措置を施してみたものの、事態は好転せず、祈るような気持ちで無事なもう一台の表示を見守り、試合は終了した。

観客が退場するとすぐに表示板を前に出し、数人掛かりで機器のチェックをしても、異常は見つからない。そこで、機器につながっている電源ケーブルをたどってみた。ケーブルは会場を半周していたが、興奮した観客が残していった紙くずやゴミにまみれている。ゴミをかき分けて進むと、物陰でネズミが感電死しており、ケーブルの表皮がかじられて中の回線が顔を出し、焦げ跡があった。横には飲みかけのジュースの空きビンが転がって、ケーブルはベタベタになっていた。たぶん工事関係者などが休憩時に飲み残したと思われるジュースのビンが倒れ、甘くなったケーブルをネズミがかじったために、電気がショートしたようだ。

試しにこの部分のケーブルを差し替えてみると、表示板はなにごともなかったかのように、元気に回復した。たかが一本の電源ケーブルで、しかも、セイコーの管理範囲外の場所で起きたトラブルではあるが、結果としてオフィシャルタイマーの責任を充分に果たせなかったことになる。それ以降、露出している電源ケーブルは、毎朝点検の対象に含まれ、管理範囲を問わず、目視のできる部分はすべてチェックすることがマニュアル化された。

天気の気まぐれで、思わぬチェックが必要になることもある。ある年の富良野は天候が異常で、気温が大きく乱高下した。作業を開始した日は寒く、電源ケーブルを雪面から五〇センチほど中に埋めたのだが、数日後に気温が急上昇して雪が解けたため、ケーブルが雪面すれすれになり、雪上車がケーブルを切断してしまう事故があった。

部外者はもっと深くに埋めるべきと思われるかもしれないが、通常は雪が二〜三日ごとに降って堆積していくので、大会終了後には一メートル前後になる。深く埋めると、撤収時に掘り出すのに難儀するのだ。

日没と競争しながら、ケーブルに内包されている一二本の線を確認（一本結線するたびに、テスターで電気を通電させて確認）しながらつなぐ作業は手間がかかるが、ここで結線を間違えると、重大なことになる。いくら寒さで手がかじかもうとも、明かりがなくなって懐中電灯を頼りに作業を続けることになっても、トラブルはその日のうちに解決しておかなければならない。

計時員に向いているのはどんな人？

「競技に無関心」が計時員の適性

オリンピックなど総合競技大会の計時支援チームは大規模になるので、社内から人材をスカウトする。担当の競技が決まってからは、競技のルールや器材をしっかり学び、リハーサルを重ねることになる。

私は、計時支援員の適性は、「スポーツに関心が高い」「スポーツ好き」なのではないかと思っていたのだが、長年支援チームを率いてきた浅原保明は、「競技の勝敗や選手に無関心でいられることだ」と断言する。

たしかに計時支援で現地に行くと、世界のトップレベルのアスリートの息使いさえ感じられるような近さの空間にいられるので、その迫力には圧倒される。スキー選手のスタート前は、準備運動によって全身から湯気が立ち上り、一般人のウエストほどもあろうかという太ももの筋肉がプルプルと揺れる。

緊張を高め、気合いを入れるためだろうが、ときおり奇声を発する選手もいるが、息使いが荒くなっているのがわかる。そばでコーチがコース途中にいるレポーターからの情報をトランシーバーで受けながら、作戦を最終確認し、傍らではトレーナーがしゃがみ込んで、両手で太ももをさすり、筋肉をほぐす。まるで、出走直前の競走馬さながらである。いったん気持ちを鎮め、それから、テントを破りそうな大声を出しながら、スタートバーを蹴って雪の斜面に飛び出していく。

世界のスーパースターが目の前にいるだけでも夢見心地になるが、テレビには映らないシーンを間近で見られるのだから、スポーツ好きの人間にとっては、たまらないだろう。舞い上がって、自分の仕事がおろそかになるかもしれない。

浅原は準備段階で、支援員たちの雑談に注意している。競技そのものに関心を持つことは必要だが、有頂天になって選手の動向や競技内容を詳しく語るような支援員は、こっそり後方に回すと言う。

たしかに、競技内容にのめり込むような計時員では、冷静な計時ができない。実際、海外で開催される国際競技会では、自分が担当する試合よりも、隣で行われている自国選手の試合に気を取られ、自分の担当する計時の操作がおろそかになっている競技役員なども、ときたま見かける。競技役員になるような関係者は、母国では競技の指導者であることが多く、教え子の活躍が気になるのだ。

そのようなこともあって、長年にわたり数え切れないほど大試合を見てきた浅原に、「因縁の試合」や「ビッグアスリートの名勝負」のことを尋ねても、面白い話は聞けない。器材やタイムについての記憶は明確に憶えているのだが、競技の内容には関心がないのである。

計時員の肉体改造

計時支援をやってみて痛感するのは、自分が競技に出るわけでもないのに「緊張」することだ。準備作業は仲間と一緒に行うが、本番にはそれぞれの持ち場を与えられる。本番が近づくと、「手抜かり」や「チェックミス」が気になって緊張が高まる。

選手はこの日のために何年もトレーニングを重ねて試合に臨んでいる。計時がミスをするわけには行かない。ましてや、計時のトラブルで再試合など論外なのである。決められたマニュアルどおりに点検したか、点検漏れはないか、電源は確保できているかなど、不安材料が次々と浮かんでくる。

これは経験の多寡には関係ないようで、セイコーエプソンで計時支援チームの技術責任者を長く務めた小松秀俊も、「最初のレースの信号がきちんと入ってくるかが心配で、競技の開始直前には胃が痛くなる」と言う。

しかも大規模な競技会で計測回数は半端ではない。特に少人数でレースを行うウインター・スポーツは回数が多い。一七三七人の選手で戦った一九九四年のリレハンメル五輪では、公式タイムの主計時（途中のスプリットタイムを含む）だけで約一万八〇〇〇回だったが、二三九九人の選手が参加した二〇〇二年のソルトレイク五輪では約三〇万回（公式練習を含む）に上った。

私は技術者ではないので、配置されるのは機器の操作の少ないスタート地点が多かったが、緊張感が高まると生理現象に悩まされることが多かった。あらかじめトイレを済ましていても、レースが近づくと、また催すような気がしてくる。だが、これが心理的な現象なのか、身体が本当に求めているのかがわからないことも多かった。しかし、計時員は最低人数でこなすために、本番での交代要員はいない。競技開始二時間前にスタンバイを完了するのが原則だが、時間のあるうちに、もう一度トイレに行っておくべきか、レース後まで我慢するべきかに迷う。

そこで役に立つのが、先輩の会得しているノウハウだ。会社生活を計時一筋で貫徹した「神様」の浅原によれば、「トイレの間隔を短くするとすぐに行きたくなるが、多少の鍛錬で間隔を広げることができる」という。試してみると、有効のような気がする。本番の数日前から、少し我慢を重ねて、トイレの間隔をできるだけ伸ばす。人間の肉体は改造ができるようだ。

深刻な暑さ・寒さ対策

緊張することで怖いのは、感覚が鈍くなることだ。一九七九年にジャカルタで行われた南東アジア競技大会（ＳＥＡゲームス）の折には、何人もの支援員が日射病（熱中症）にかかり、病院に担ぎ込まれた。

近年こそ日本でも熱中症への理解が広まったが、当時はそうではなかった。ましてやエアコンに慣れた日本人にはその経験がなく、前兆にも気がつかない。

ジャカルタは赤道に近く、日照りが格段に強い。競技は屋外で行われる自転車のロードレースだった上に、開始時間が何度も変更になって遅れた。そのため、計時員は、緊張のまま炎天下での待機を強いられた。いかなる状況にあっても、計時の器械と自分の体調を護るのは、計時員の基本的な責務なのだが……。

反対に、寒さ対策も重要だ。タイムを計測する機器はゴール付近に設置される「計時室」の中に設置されるため、測定チームはストーブのある建物の中で仕事にあたるのだが、スタート担当などは屋外での作業になる。曇天ならばまだしも、風に小雪が舞うような天候では猛烈に寒い。計時員は厚手の防寒着を支給されるものの、風の吹く冬山や早朝のスケートリンクの寒さは半端ではない。

特に厳しいのは、天候不順による競技時間の変更だ。天候が悪化し、競技続行が難しそうになっても、正式に時間変更の決定がなされないかぎり、計時員はあくまでもスケジュールどおりにスタンバイする。

ところが、レース開始時刻になっても天候が回復しない場合は、とりあえず「様子見」になり、関係者は「待機」となる。スケートリンクの場合には、一時的に計時室に避難することもできるが、スキーの回転、大回転競技などは、山上のスタート地点から登り・降りで一時間くらいの時間がかかるので、麓まで降りて待機するわけにはいかない。

その状態で一～二時間が過ぎると、身体は完全に冷えてくるので、その場で身体を温める術が必要になる。多少の体操くらいでは効果がない。有効なのは、雪に穴を掘ることだ。身体を動かすことで体温を上げるのだが、無意味な労働がサバイバルにつながるところが面白い。

ちなみに、雪山でとる昼食は、にぎり飯とコーヒーが多かった。ホットコーヒーは魔法瓶に入っていても、昼までには冷えきって、アイスコーヒーになっている。にぎり飯はかき氷がまぶされているようにしゃきしゃきで、喉を通るときにはひんやりするのだが、食べ終えてしばらくすると、身体が温まってくるのがはっきりわかる。凍ったにぎり飯で、身体が生き返るのは毎日のことだった。

危ないのは思考力・判断力の低下

気をつけなければいけないのは、寒さや疲労が、思考力や判断力を鈍らせることだ。

スキーの計時支援は肉体的にもきつい仕事だ。雪の上を歩くだけでも体力を消耗するが、斜面を登るとなると、ほんの短い距離でも体力を消耗する。

大会期間中は、前日の仕事がどんなに遅くなっていても、朝は四時か五時の起床になる。作業を行う地点まで登るのに時間がかかる上に、器械を立ち上げ、ひととおりのチェックを行わなければならないからだ。もちろん、不具合に対応する時間的余裕も必要だ。ところが、起床の目覚ましが鳴って、目は開いても、身体は鉛をまとったかのように重たいことがある。

スタート地点はテントしかなく、夜中に極低温になるため、敏感な部品は毎日撤収する。当日予定された競技で使用する部品は早めに持参し、点検しておく。競技が一〇時開始なら、二時間前の八時には持ち場についていなければならない。

宿舎からスタート地点まではリフトを使っても一時間から一時間半はかかるので、六時前には宿舎を出る。すでに山からは「ザック、ザック」と音が聞こえる。自衛隊員がコース上に横一列になって、肩を組みながら斜面を下りてくる音だ。国際大会になると、コースの整備や設営に人手がかかるので、自衛隊に協力を求めることが多いようだ。徒歩による整備は「つぼ足」と呼ばれている日本独特のやり方で、雪上車ではなく、人の足で雪を踏み固めるので、斑がなく、雪が締まって選手には好評なのだという。

天候の急変に振り回されたこともあった。長時間の「待機」で体力を消耗した後に、実施競技種目が変更になると、当初予定していた種目の機器を撤収し、急いで次のスタート地点に向かわなければならない。本部の役員にはスノーモービルなどの装備があるが、自分の脚を唯一の移動手段としている（スキーは禁止）計時員は現場に取り残される。

時間短縮をしようと横着して、命取りになりそうな体験を何度かしたことがある。いずれも富良野だったが、一つはコースを間違えたことだった。大回転競技を終えて回転競技のスタート地点に移動するのに、徒歩で歩かずにリフトに乗ってしまった。もともとリフトでは行けない場所だったのだが、疲労していたためか寒さのためか定かではない。動いているリフトを見て、「ショートカットできるように」錯覚してしまったのである。

降りてから方角が違っていることがわかり、四〇〇〜五〇〇メートルの雪面を登ろうとしたが、斜面がきつく、一時間を経過しても三分の一ほどしか進めなかった。携帯電話もない時代で、スタート地点まで行かなければ通信手段もない。猛省したが、後の祭りである。翌日の新聞スポーツ欄に「計時員のミスで競技が遅れる」などの記事が掲載されることが頭を過ぎる。下手をすると、それが原因で次の公式計時を逃すことにでもなったらどうしよう……。「万事休止」と思ったところに偶然、雪上車が通りかかり、事情を説明して乗せてもらい、事なきを得た。今だから明かせる失敗談だ。

もう一つの失敗は、帰り道に尻で滑って、尾根から転落しそうになったことだ。

競技会期間中のリフトは競技運営に合わせて運転するため、支援員が後片付けを終えて山を降りる頃には完全に止まっている。モーターで動くリフトが止まると、機械の音はなくなり、無音の雪山での撤収作業は、社会から断絶されたようで、寂しいものとなる。

冬山の日暮れは早い。当初は歩いて下山していたのだが、疲れてくると、坂道は尻で滑って楽をすることを覚える。しかも、防寒服の表面はつるつるなのでよく滑るものの、コントロールが利かない。最初は安全を確認しながら少しずつ滑っていたが、慣れてくるうちにだんだんと大胆になり、危うく尾根から転落しそうになったことがあった。

本来ならば、ウインター・スポーツの計時を担当するには、身体を鍛え、冬山でもタフに活動できるようにすることが望ましいのだが、実際には口ばかりが達者な「か弱きインテリ」の臨時スタッフが多く、そこまでは難しい。

第5章

これからのスポーツ計時

ますます活性化するスポーツの世界

競技参加者も計時も増加の一途

最近の競技会は規模がますます拡大している。経済成長によってゆとりが生まれ、健康志向が高まったことで、スポーツ愛好者が世界的に増加している。また、企業や国がスポーツを支援することによって、環境も整ってきた。

各種競技会の参加者は増加の一途をたどっている。夏季オリンピックを例にとれば、参加者、競技の数は飛躍的に増加した（表9参照）。

試合やレースの数は爆発的に増え、計時の回数も幾何級数的に増えている。

計時は、タイムを伴う競技のすべてに不可欠なことはもちろん、タイムではなく「技」で決まる競技（例えば体操競技など）にも、試合時間や制限時間の計測が必要となる。スポーツ計時の役割は大きくなるばかりだ。

なかでもウインター・スポーツには、タイムで順位が決定されるレースが多い。

スキーの滑降競技やボブスレーなどは一人あるいは一組ごとのレースになる上、たとえ明らか

表9　オリンピックの規模（競技数・参加選手数等）の変遷

	開催地	参加国・地域数	競技／種目数	参加選手数（人）
第１回	アテネ	14	8／42	241
第５回	ストックホルム	28	15／102	2,407
第10回	ロサンゼルス	37	16／128	1,328
第15回	ヘルシンキ	69	18／149	4,955
第18回	東京	93	20／163	5,151
第20回	ミュンヘン	121	21／195	7,134
第25回	バルセロナ	169	25／257	9,356
第30回	ロンドン	204	26／302	10,931

IOC資料等を元に著者作成

に最下位であろうと、それを含めて参加するすべての選手のタイムを記録しないと、レースが成立しない。ちなみに、ボブスレー競技での計時は一大会で五〇〇〇回にも達する。世界的規模の競技会での計時は、一大会で数万回になるが、その数字にはバックアップや公式練習での計時が含まれないので、実際にはその数倍の計時が行われることになる。

大掛かりになるデータ解析

近年の計時の特徴は、テレビやインターネットなど競技会の外への配信の作業のウェイトが高まっていること、そしてリザルト（結果データの処理）までを含むことが求められるケースが出てきていることだ。

テレビ中継や報道センターなど外部への配信は、データをリアルタイムで扱うようになったので、「公式計時の作業量の中で、大まかに言って七割を要する」（元セイコーエプソン・小松秀敏）ほどだ。

タイムの集計や過去記録との照合などのリザルト業務には、大掛かりなデータの解析が必要になる。レースごとのタイムの集計、着順の確認、他のレースとの集計、過去の記録（大会・世界）との照合を、短時間でこなさなければならない。

特徴的なのはオリンピックで、以前は計時とリザルトは別のサプライヤーとして扱われていたが、一九九六年のアトランタ五輪でリザルトを担当したコンピューターメーカーの不手際で、情報処理やデータ提供が混乱したため、ＩＯＣは二〇〇四年のアテネ五輪から計時とリザルトを一括して委託するようになった。

アテネではスイスタイミングがまとめて受託したが、リザルトを担当するために、新たに「オリンピック結果情報システム」を開発するとともに、多くのマニュアルや作業が必要になった。器械体操を例にとれば、競技の形式やルール、練習プラン、メダルのプレゼンテーターに関するマニュアルまでをカバーするのに、五四種類の結果と統計の用紙、八〇種類の書類を用意した。しかも、競技終了後二分後に結果リストが作成されること、全競技が終了した三〇分後には、その日の報告がなされるように定められていたという（オメガのホームページ参照）。

二四人の計時員から一台のカメラへ

国際陸連が今後の運営面で望んでいることの一つに、「整頓されたクリーンな競技場内をつくること」がある。たしかに、雑然とした場内では選手のプレイも目立ちにくい。

もともと陸上競技の大会では、いくつかの種目が同時に進行することが多い。周囲のトラックでは三〇〇〇メートル走のランナーが抜きつ抜かれつのデッドヒートを繰り広げるなか、フィールドでは棒高跳びと三段跳びが同時に行われていたりする。

競技の時間はまちまちなので、かたや真剣に競技が続いているそばで、別の種目は競技が終わって後片付けに移り、緊張感のない光景が繰り広げられているケースもある。

しかもグラウンドには、選手以外に、コーチ、審判、役員、用具係、設営係、計時係など競技関係者やプレス（報道）など大勢の人々が出入りするほか、器具、用具、ウェア類などさまざまなものが置かれ、雑然としていることが多い。

しかし、競技場も徐々に進化を遂げている。見た目の大きな変化は、走路にカラーのアンツーカーが敷き詰められたことだ。視覚的にメリハリが付いたことで、選手以外の関係者が走路の立ち入りに注意を払うようになり、つまらないトラブルも激減した。走路が安定して走りやすくなり、記録は向上し、選手のケガや事故が減った。

加えて、計時の電子化によって、場内の計時員や審判員の数が大幅に減った。目に見えて変わったのはゴール付近だ。手動計時の時代には、高さが五〜六メートルもある移動式のひな段が用意され、出場選手の三倍もの計時員（最大二四人）がゴールの延長線上に一列に着席した。当然ながら、ひな段の後ろに位置する観客席からはレースが見にくく、また、レースの前後には場内に二四人もの計時員が滞留することになる。だが、電子化以後は、「二四人」が「一台のカメラ」に置き換わったのである。

一方、増えたものもある。移動式の表示板だ。以前は、限られたデータがスタンド上部の電光掲示板だけに表示されていたが、近年は移動式の大型表示板がさまざまな方角に向けて何台も置かれ、状況に合わせて適切なデータを表示するようになった。客席からは死角がなくなり、格段に見やすくなった。

改革に前向きな競技連盟

古くからある大きな競技連盟は、保守的な体質と思われているようだが、多くは改善には積極的で、新しい提案に前向きに取り組んでいる。

計時方法の改善のために、ルールを改定した例は少なくない。スキーのクロスカントリー競技では、目視によるゼッケンの見誤りやタイムの誤差をなくすために、個体確認のデータを記録した電子チップを選手の靴に付けるようになった。これにより、いくら混戦になっても、読み取り装置の前を選手が通過すれば、確実にゼッケン番号とタイムを記録できるようになった。

電子チップは、市民マラソンでもいまや必需品になった。目視では数十人のマラソン選手の記録をとるのが精いっぱいだが、電子チップを導入すれば、何万人でも管理できる。公式のマラソン大会ではまだ採用されず、途中の計測地点では、役員が並走しながらゼッケン番号を読み取る光景を目にするが、不正を防止する観点からも、電子チップの導入は時間の問題だ。

また、リザルト（結果データの処理）でも新しい試みが導入された。

走り幅跳びや三段跳びに用いる踏み切り板上の白線までに残された「余地」のデータ公表もその一つだ。走り幅跳びの競技では、白線ぎりぎりに踏み切ったほうが有利なのだが、なかなかそうは行かない。一方、観客の心理としては、ロスがどれだけあったのかを知りたいものだ。記録を左右するわけではないが、ロスが記録にどう影響したかを推定してみたい。

「踏み切り余地」のデータ公表は、一九九七年にセイコーエプソンが提案し、国際陸連が受け入れたものだ。セイコーエプソンとしては計測の折に毎回算出していたデータだったが、提案してみると、国際陸連は運営上への影響や問題がないかを確認し、短期間で採用を決定した。

国際陸連としては、競技会が活性化し、競技者や見る人口の増加につながる提案なら、歓迎する姿勢のようだ。

望まれるエンターテイメント性

「人気」が重要なバロメーターに

スポーツ計時の技術レベルが「公平・公正」の域にほぼ達した今、スポーツ関係者に「これから望まれていること」を聞くと、異口同音に返ってくるのは、「エンターテイメント性」との答えだ。部外者からすると、純粋なスポーツ競技を娯楽化するのは、邪道のように思えるのだが、理由を聞くと実情が見えてくる。

スポーツの競技人口や愛好者が増えると、競技会の入場料収入、テレビ放映権料などが増えて競技は盛んになり、情報発信量が増えて、スター選手が出現し、さらに愛好者が広がるという「好循環」になるが、愛好者が減ると逆のスパイラル現象になって「悪循環」に陥る。

身近な例では、マイナーなスポーツだったビーチバレーに浅尾美和が、バドミントンにオグシオコンビ（小椋久美子・潮田玲子）が登場し、フットサルに三浦和良が参加したことによって、人気が沸騰した。

一方、日本が得意としているレスリングが二〇二〇年のオリンピックの競技種目から外される可能性が出てきた。ＩＯＣの発言によれば、「競技種目は時代によって入れ替えが行われるのは当然」とのことだ。

世界では、スポーツ愛好者の人口の多さは、①サッカー（二億五〇〇〇万人以上）②クリケット　③バスケットボール　④テニス（一億人以上）⑤モータースポーツ　⑥競馬　⑦野球（一二〇〇万人）　⑧陸上競技　⑨ゴルフ　⑩ボクシング、の順といわれている。

数字の具体的な裏付けは乏しいが、インターネットなどの情報を整理すると、ベストテンの順位はおおむねこのようになるようだ。

このうち陸上競技はスポーツの原点だが、さまざまなスポーツが生まれたことによって、一九七〇～八〇年代には相対的に埋没した。「わかりやすさ」「純粋さ」はあるものの、「華やかさ」「エンターテイメント性」が薄かったからである。

一方、サッカーは、競技会の歴史は浅いものの、四年に一度開催されるワールドカップを軸に発展し、スーパースター選手が続出したことで、人気を全世界に広げてきた。マーケティング的にも成功例の代表格だろう。

いまや、スポーツも競技の正統性、伝統だけでなく、「人気」がスポーツの未来を左右する。「エンターテイメント性」が重要な要素になったのである。

「世界陸上」でイベント性を前面に

陸上競技は、四年ごとのオリンピックで世界中の注目を集めるものの、その間の年には盛り上がりに欠ける。そこで考え出されたのが国際陸連の主催する「世界陸上競技選手権大会」、通称「世界陸上」だ。世界のトップアスリートを一堂に集め、世界一の選手を決めるビッグイベントである。

誕生したきっかけは、オリンピックの不順からだった。一九八〇年に予定されていたモスクワ五輪は、ソ連のアフガニスタンに抗議した西側諸国がボイコットしたために、不完全な開催になった。多くの選手はオリンピックを目標にトレーニングを続けており、オリンピックへの出場の機会を失った選手たちは、実力を発揮する場がなくなった。その対応策として国際陸連は、八三年から「世界陸上」を開催するようになった。

当初は四年ごとに開催されていたが、九一年の東京大会からは二年ごとになり、二〇〇五年のヘルシンキ大会以降は、五輪前年はアジア、後年は欧州での開催で行われている。

最大の特徴は、国別の参加人数に制限がないことだ。五輪は、運営の肥大化を防ぐために、一競技種目に一国から最大三名という参加枠を設定しているが、「世界陸上」では、標準記録をクリアしていれば何名でも参加できるので、真の「世界一」が選ばれる。

開催の歴史は新しいが、世界での関心は高く、参加国数ではオリンピックを上回るようになった。陸上競技の人気は盛り上がり、スポンサーと有名選手の収入は桁違いに増えた。

一方、苦戦しているのは、ウインター・スポーツ競技だ。

特に、スキー人口は、先進国で大幅に減少している。スキーは、時間の空いたとき手軽に楽しむスポーツではなく、まとまった時間と費用を要する。競技選手は、装備に費用がかかるだけでなく、トレーニングを重ねるため、多額の出費を覚悟しなければならない。人気が落ちれば、競技会のスポンサーは減り、競技会の誘致地も少なくなり、開催は難しくなる。

そのため、かつては世界中を転戦していた競技会も、欧米中心になり、最近日本で開催されるワールドカップのスキーやショートトラックスケート競技の世界大会はめっきり減った。

フライングの規定を見直しか

揺れる国際陸連の方針

国際陸連は、七八年にフライングの判定に機械を導入することを決めた。記録のレベルが上がり、また計時の公正さが求められるようになったことが、その背景にある。

国際陸連のルールによれば、「READY（よーい）！」の掛け声で静止した後は、スタート合図まで身体を動かしてはいけないことになっており、「スタート合図から1000分の100秒未満」に身体を動かすと、「ファール」と判断されることになった。だが問題は、判定装置が、身体のどのような動きを「ファール」と判定すべきなのかを明確にしていないことだ。

国際陸連から「ファール判定装置」の開発課題を与えられた時計メーカーは、クラウチングスタートの反発力を高める用具として使われていたスターティング・ブロックを活用して、動きを捉えようとした。選手はスタート時に体重を軸足に移すことから、最初の一歩を蹴るスターティング・ブロックに相応の力が加わると、ファールと判定して警告音を発する仕組みを組み込んだのだ。ちなみに、セイコーでは二三キロないし二五キロ（選手の体重によって設定）の重みを感知すると、警告音が鳴るようにした。

ところが、この方式は、体重の軽い選手に有利で、重い選手には不利に働く可能性がある。また、機械の仕組みを学習し、機械に体重の負荷をかけずに身体の姿勢をスタートに有利な姿勢に変化させる選手が現れるようになった。たとえば、カール・ルイスは、「ベン・ジョンソンがスターターの『用意！』の掛け声後に、首を極端なまでもたげる姿勢をとった」と批判している（『カール・ルイス　アマチュア神話への挑戦』）。

そこで、セイコーは、明星大学理工学部の横倉三郎副手（当時）らと「加圧の変化」を「ファール」と判定する、新たな方式を一九九四年に開発した。これは、重さを固定的に考えるのではなく、力のかかる変化を抽出（位相を検出）することで身体の動きをキャッチするので、体重の個人差にかかわらず公平な測定ができるようになった。

基準の「0・1秒未満」は妥当か

もう一つの課題は、フライングの判定基準とされる「1000分の100秒（0・1秒）未満」の基準が正しいのかということだ。

以前の生理学では、「ピストル音などによるスタート合図を聞いて人が動作を始めるには、最低でも0・14秒程度の時間がかかる」と考えられてきた。具体的には、「音などの刺激が与えられてから大脳の脳幹を経て、感覚神経で感じるまでに要する時間（感覚化時間）が0・1〜0・2秒かかり、運動命令が運動野から脊髄を通る運動神経へと送り出されて初めて、筋肉が動き始める。国際陸連は、刺激から反応を示すまでの時間（単純反応時間）は0・14〜0・20秒を要するという定説にしたがい、フライングの基準として0・1秒を設定した。

ところが、近年になって、どうも「ヤマ感」ではなく、実際に0・1秒未満で反応できる選手が存在するのではないかとの見解が散見されるようになった。

偶然ながら、私も反応時間の異常に早い人に出会ったことがある。セイコーの消費者イベントに来場者に反応時間を試してもらうコーナーを用意した。仕組みは、挑戦者にグリップスイッチを渡し、目の前を左右に移動する球が光を放つと、スイッチを押すことで反応時間を測定するものだった。

多くの人が挑戦し、早い人で0・12〜0・18秒くらいだったが（その機器の表示は小数点以下を二桁で表示）、東北の高校で体育の教師をしているという挑戦者は、本人も「反応が早い」と自慢するだけあって、0・08〜0・13秒で安定していた。

そのときは閉場前で観衆も少ないこともあり、めずらしい例だったので、一〇回挑戦してもらったが、三回が0・08秒、五回が0・12〜0・14秒、二回がフライングだった。興味深かったのは、タイムにばらつきが出るのではなく、二つの山に集中し、うまくいったときはすべて0・08秒になったことだった。不思議なことに、0・07秒も0・10秒もなかった。「ヤマ感」であれば、偶発的なできごとなのだが、競技会でも稀に100ミリ秒未満に反応する選手が存在する。

長年にわたって計時支援を担当した末松一正も、「明らかに100ミリ秒未満で、正常にスタートしたと思われる選手がいる」と言う。もっとも印象に残っているのは、一九八八年のソウル五輪のリレー競技でのベン・ジョンソンで、「薬を服用していたかどうかはわからないが、ヤマを張ったスタートのようには見えなかった。ファールをとられたジョンソンは、納得が行かない様子で、盛んに首を傾げながら引き揚げてきた」と言う。

「0・1秒未満」で反応できる人たち

「0・1秒未満」という規格には、一九九〇年代から学者の世界でも疑念の声が上がっている。学会論文として最初に提起したのは、九〇年、メロとコミの二人のフィンランド人の学者だった。九二年にはトンプソンを始めとする七人のイギリス人の学者が実験で、「条件に限定はあるものの、聴覚での反応時間が100ミリ秒以内のケースがある」ことを立証する論文を発表した。

二〇〇〇年代に入ると、〇二年にイギリス人のロスウエルとスペイン人のヴァルスソーレが、〇七年にペインとヒブスが、〇八年にブラウンが、スポーツ科学誌などで、同様の趣旨の論文を発表している。

そこで、国際陸連は腰を上げ、〇九年に三人のスポーツ科学者とともに、「ＩＡＡＦスプリント・スタート・リサーチ・プロジェクト」を立ち上げた。フィンランドで検証テストを行い、同プロジェクトは「０・１秒の制限は、果たしてまだ有効か」との報告書をまとめた。

担当した学者のうち二名はフィンランド人だが、一名は日本人で大阪体育大学体育学部の石川昌紀准教授である。テストに参加したのは二一～二七歳の七名のフィンランド人の男女で、実力は世界トップレベルの陸上選手だった。その結果、それまでの論文と同様の傾向が認められ、フライングせずに「85ミリ秒未満」でスタートする選手が存在することを確認した。反応時間は個人差が大きいものの、その範囲はおおむね80ミリ秒以上である。

石川は、「この検証は統計的な観点であり、基準を変えるには理論的裏付けが必要だ。具体的には、身体を動かすための電気信号が、『脳磁場』から本当にその時間に発せられているかなどの検証が必要になる」と言う。さらに、「この結果を反映させて『１００ミリ秒未満』の基準を改定するならば、『80ミリ秒未満』となるのだろう」とのことだ。

そこまでわかったのならば、すぐに「脳磁場」を確かめれば、結論を出せるのではないかと思うのだが、「脳の仕組み」を勉強してみると、現実はそう簡単なことではないらしい。人間の身体はあらゆる部分から磁気を発しており、脳の中の神経細胞（ニューロン）に電流が流れると、極めて微弱な磁場が生まれる仕組みになっているが、その弱さが尋常ではなく、測定が極めて難しいのだ。

「地磁気の一億分の一というレベル」で、脳（α波）よりもさらに一桁も弱いので、「これだけレベルが低いと、ちょっとした磁気雑音（地磁気はもちろん、建物の外を車が走っただけでもいけない）に埋もれてしまうから、計測は特殊な合金で磁気を完全に遮断するように作られた磁気シールドルームの中で行われる」（立花隆『脳を究める』）。したがって、測定費用が高額になる以前に、これらの環境の中で、短距離走のスタートシーンを再現すること自体が難しそうだ。

さらに、人間の脳内における情報処理や体内に向けての信号が発せられるプロセスは充分に解明されていない。また、「音という外部からの刺激で始まる電気信号の脳内での伝わりかたは一様ではなく、そのときの伝達処理次第で、脳としての反応時間が長くなったり短くなったりする。そのような現象の中で、0・1秒より短時間で反応できるケースがあってもおかしくないと考えられるようになった」（石川昌紀）。

反応時間と脳の関係

スタート合図が選手の体内で、どのような経路をたどるのかを、石川昌紀が『ニュートン』誌の編集部と作成した図解を元に、まとめてみよう。

スタート合図となるピストルの号砲音が発せられると、①聴覚である耳が音をキャッチして

（0秒）②音から転換された電気信号が脳の中心に位置する脳幹に届く（～15ミリ秒）③大脳の聴覚野で音を認識④大脳でこの音が号砲であることを理解し、対応してスタートするための指示が出されて脊髄に伝わる（～65ミリ秒）⑤身体がスタート体勢を整えるための指示が必要な筋肉に届く（～90ミリ秒）⑥筋肉が動き出す（～100ミリ秒）といった所要時間が考えられる（石川算出）。これに、号砲音が耳まで届く時間（3～6ミリ秒）を加えると、反応時間は103ミリ秒～106ミリ秒となる（『ニュートン』二〇一二年八月号「スタートの科学」）。

だが、この経路が成立するためには、さらに複雑な過程を経ている。

まず、①の部分を詳しく見ると、音は空気を伝わって耳の鼓膜に達すると、音波が鼓膜を振動させ、振動は奥にある三つの耳小骨（ツチ骨、キヌタ骨、アブミ骨の順）に伝えられる。アブミ骨の底部は内耳につながる前庭窓に面しており、内耳を満たす外リンパ液に震動が伝えられる。外リンパ液の振動は高さによって定常波を生じ、その部分の内リンパ液を振動させる。

次に、②の部分は、内リンパ液腔に向かって毛を生やしている細胞がその振動を受け取って、神経細胞（ニューロン）が電気信号に転換して、聴覚情報を脳幹に届ける。ちなみにニューロンは、内部に核を持つ細胞体と、そこから放射状に飛び出している樹状突起、長く伸びた軸索、神経終末部の四つの要素で構成されており、脳内だけでも約二〇〇〇億個も存在する（田中冨久子『脳とこころの仕組み』）。

このうち、②にある脳幹から④の脊髄までのプロセスは充分に解明されておらず、推測の域を出ていないのだが、大脳の思考回路を使って、指示の内容が組み立てられていく。

小脳トレーニングで反応を早める

脳は、大脳、小脳、脳幹の三つの部位で構成されている。大脳は外部からの刺激を受け止め、過去の記憶に照らし合わせてその価値を判断したり、適切な対応になるよう身体の各部に運動指令を送りだしたりする神経系の最高次の中枢だ。小脳は大脳の後ろにあり、容積は一〇分の一程度の大きさに過ぎず、構造ははるかに単純ではあるものの、ニューロンは半分の一〇〇〇億個もある。そして、脳幹は末梢神経から伝わってくる感覚信号や脳から発する運動指令を中継するほか、呼吸器系や循環器系など生命維持機能を制御する中枢の役割を担っている。

小脳は筋肉などの運動指令を計算して大脳をサポートし、筋肉運動の調節機能を果たしているが、近年は、同じ運動を繰り返していると、身体の筋肉を動かすプログラムが小脳に記憶され、一から大脳を煩わすことなく、小脳が代行しているのではないかとの説が強まっているのだ。

「小脳は無数の運動プログラムをためこんだ、コンピューターのようなものです。いったんコマンドが完成すると、大脳皮質は運動遂行時にいちいち考えることをやめ、小脳に対して『これをやって』という命令を出すだけになるのです」（黒谷亨『絵でわかる脳のはたらき』）。

この説は、A・M・ブラウンなど四名の「100ミリ秒」に疑念を呈する論文「大きな音の号砲は短距離スタートに影響を与える」(二〇〇八年)でも、「100ミリ秒」以内にスタートが可能になる根拠として引用されている。

石川昌紀も、「運動学習が進むにつれて、大脳を煩わせることなく、運動を司る小脳だけで対応できるのではないか(自転車に乗る運動に例えてみるならば、初めて乗る際はいろいろ考えながら練習するが、慣れてくると「頭を使わないで」乗れるようになり、ついには意識レベルでは「無心で」乗れるようになっていることで理解できる)」と解説している(『ヘルシスト』誌二一五号「スポーツと健康。トップアスリートへの道。運動神経と筋肉の関係」)。

これは、算数で九九を憶える前と後の状態と同じ現象なのではないだろうか。九九を憶えられていないときには、「3掛ける4は、3×3=9にもう一つ3を足して12」など、論理思考を駆使して12を引き出すが、憶えた後は、論理思考を経ずに反射的に3×4=12と答えが出る。

要するに、同じトレーニングを重ねれば運動プログラムが蓄積され、反応時間を短縮することが可能になるのだ。

一方、このような状態をアスリートの為末大は次のように表現している。「僕が競技人生で数度、超集中の状態に入ったときは、極端な事を言えば、ピストルが鳴り、いつの間にか自分が走り出していて、気がついたら最後の直線をライバルと競り合っているという風だった」(『學鐙』

春号「アスリートの時間感覚」）

「自分が走っているというより、勝手に走ってしまっているというような話や、体が先に動いて後から意識が追いかけるというような感覚で、能動的意識が薄れる」（前掲書）

「体は高速で動いているのだけれど自分の内側は比較的静かで落ち着いていると言うこと。手足は高速で動いていながら、頭の中は細かいことは考えておらず、ぼんやりと前方を眺め、ただひたすら次々にくるハードルに集中している」（前掲書）

腰の筋肉で動き出せば時間短縮

現在、ほとんどのスプリンターのスタートは、最初にひざ下の筋肉を動かしてスターティング・ブロックを蹴ることで動作がスタートしているが、筋肉の動かし方によって、さらに反応時間を縮めようという研究も進んでいる。

脳から筋肉への信号伝達時間は距離に比例するので、脳に近い筋肉を使うほど短い時間でスタートできることになる。したがって、理論上では、長身の選手よりも小柄な選手のほうが、反応は早くなる。この点では、欧米人よりも身長が短い日本人は有利であり、長身のウサイン・ボルトは不利なはずだ。

同じ身長ならば足ではなく、脊髄により近い腰の筋肉を先に使ってスタートすれば、より早く動き出せることになる。それはどのようなフォームになるのかはわからないが、ここで10ミリ秒を短縮できれば、世界記録の可能性が高まるので、これから真剣に研究を進める選手も現れるだろう。

一方、現在は「反応は真っ先に足に現れる」との前提で、足の荷重の変化を計測してフライングを計測している計時機器にとっては、新たな課題になる。現に、石川昌紀たちが二〇〇九年にまとめた国際陸連の報告書では、参考意見ながら、「フライングのルールが身体すべての動きを対象にするならば、高速度撮影のできるカメラで判定すべき」と書かれている。たしかに、これまでの実験でも、身体の反応をもっとも早く表せるのは、足よりも手であることは確実である。

フライングのルールは緩和されるのか?

フライングファールの扱いが厳しくなった結果、スーパースター選手が簡単に失格し、レースへの興味が半減するケースも生まれている。

二〇〇三年からは二度目のファールで失格だったものが、一〇年からは一度のファールで失格になるようになった。

世界中が「ボルトの世界新記録」を期待した一一年の「世界陸上」(韓国テグ)の男子100メートル走でも、ボルトはフライングと判定されて失格し、レースで走ることもできなかった。本人のショックは当然ながら、世界中のスポーツファンも落胆した。

スポーツの進化とともに記録更新の余地が少なくなり、近年は、反応時間をいかに縮めるか、スタートダッシュの加速をいかに高めるかに注目が集まるなか、反応時間の短縮、つまり、ファール判定の規定の見直しに目が行く。

ファール判定の基準や規定を厳しくすると選手にプレッシャーがかかり、よいスタートが切れないのではないかと、ルールの厳格化を疑問視する意見も多い。端的にいえば、「一回のフライングで失格となると、選手は委縮して慎重になり、スタートは遅れがちになる。失格の規定を二度目までに緩和すれば、選手は初回に思い切ったスタートに挑戦できるはず」という考えだ。

これが大方の意見ではないかと思い、国際陸連に近い関係者に聞いてみたところ、意外にも一蹴されてしまった。

「その考え方がすでにファールスタートなんです。ファールをとられてもいいから早くスタートを切るというのは、賭けであり、スタート合図をきちんと聞かないということです。スタートはあくまでもスタート合図を聞いてからするのが基本です。何回で失格にするかという議論は二〇一〇年のルール改正で決着しましたし、これを決めた国際陸連の会議でも特に反論はありませんでした。現に水連は以前からファールは一回でも失格になるルールを導入しています」

あまりにも明快な説明に一度は納得したのだが、取材を続けていくと反対意見にもぶつかった。

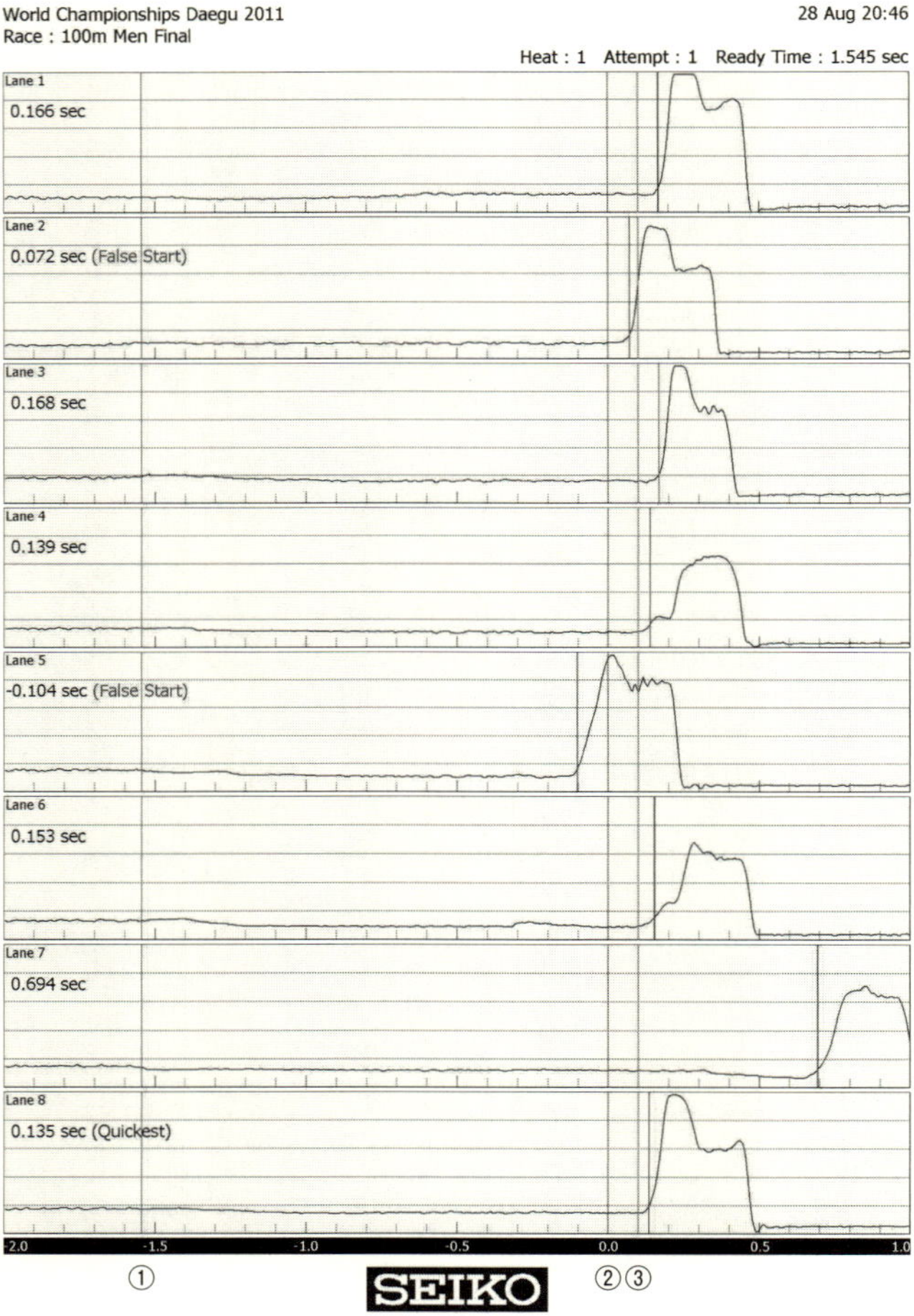

フライング判定装置がボルトのフライングをとらえたデータ（2011 年、韓国テグでの「世界陸上」、男子 100 メートル走予選)。左から右にかけてウェーブ上になっている線が選手の動き。縦を貫通する線で、①（左隅）「ヨーイ」の掛け声　②（センターやや右）ピストルの出発合図　③（そのすぐ右隣）100/1000 秒後を表す。その前後に各レーンごとに見える線が選手の反応動作の始まりを示す。5 レーンのボルトはピストル音の 0.104 秒前に動いていた。2 レーンの選手も 0.072 秒で動き始めた。

日本水連の関係者に聞くと、ファールの判定を機械で行うのはリレーの引き継ぎだけであって、スタート時の判定はプールサイドに控える審判の目視で、「一連の流れ」の中で判断されるという。機械は選手の身体に密着するのに対して、水連の審判は数メートル離れていること、機械はレース全体を見ることなく個別の事案に反応するのに対して、人間の判定は「一連の流れ」から突出した動きをファールと判定するのである。明らかに、人による判定は、機械よりも柔軟になる。

また、国際陸連関係者との接触の多いスポーツ用品メーカーのスタッフによると、国際陸連は、テグでのボルトのフライングによる失格にショックを受けているという。陸上競技では、年間最大のイベントでスーパースターがわずか一回のフライングで会場から姿を消し、イベントが台無しになってしまう現実を目の当たりにしたからだ。そこで、国際陸連では、フライングルールを緩和し、スーパースター選手の救済を検討しているという。

事実、国際陸連は現在のファール規定を、「二回目のファールでフライングを犯した選手を失格させる」という以前の規定に戻すのではないかとの観測もある。一二年七月二四日のロイター電では、二四日の会議で、「クラウチングスタートの体勢で、どちらかの手が地面から離れた場合か、どちらかの足がスターティング・ブロックから離れた場合」以外は『ファール』に判定しないとの案を決定した」(バーミンガム発)と報道した。

どちらの案も、ロンドン五輪から導入されるとの観測も流れたが、結局は導入されなかった。

究極のスポーツ計時とは?

とにある。

伸びやかな記録を計る

スポーツ計時の目的は、アスリートの「速さ」「強さ」を数値化して、実力を客観的に表すことにある。

しかし、比較や計時をするために、アスリートたちにそのための制約や精神的負荷を課していることも事実だ。計時がなかった古代では、どんなポーズでスタートしようがかまわなかったが、厳密な計時を行うために、スターティング・ブロックを使用したクラウチングスタートが義務づけられ、フライングという新たなルールを乗り越えなければならない。また、国際イベントの開催によって、会場までの距離の移動や、開催地との時差も選手の負担になっている。

計時の技術は電子化によって大きく変わり、個別対応もできるようになった。たとえ八名が一緒に走っても、個々の選手の実際のスタート時間やネットタイム（反応時間を除く）を計測し、表示することができる。この技術があるのだから、フライングのルールをなくして、選手には、伸び伸びとスタートに臨んでもらうこともできる。

あるいは、同時にクラウチングスタートをせずに、選手がまちまちに120メートルを走った中から、タイムのもっともよい100メートルの区間を切り出すことも可能だ。選手にとっては、同時スタートをする煩わしさから解放され、才能をすべて出し切ることができるだろう。しかも、純粋に記録への挑戦が可能になる。

また、速さに憧れる人類の本能からすると、短距離走の記録には「最速」の項目も加えられるだろう。現在の記録は、100メートルや200メートルなど、メートル法でのキリのいい単位に設定されているが、もっと細かく5ないし10メートル単位で区間記録を設定したり、野球の投球速度のように瞬間的な最高速度を抽出するのである。そうなると、「100メートルで何秒」という表示ではなくなり、「秒速××メートル」となって、「最速男」もわかりやすくなる。

一方、記録更新を狙った露骨な環境整備も行われるかもしれない。一周400メートルのトラックを備えた陸上競技用の全天候対応ドームが建設され、反発力の高いアンツーカーはもちろん、温度、湿度をベストコンディションに保ち、短距離走にはルール制限いっぱいの「秒速1.99メートルの追い風」を人工的に起こすような装置を用意すれば、新記録の可能性は格段に高まる。

「金メダルなし」で世界最速の男が誕生？

同様なことは、走り幅跳びや三段跳びでも可能だ。現在の走り幅跳びでは、踏み切り板を踏むとファールになって失格するため、歩幅を調整したうえで、余裕を数センチ残して踏み切ることになる。選手はこの余裕をなるべく少なくしようとするのだが、踏み切り地点からファールラインまでの距離は記録上に生かされることなく、「ロス」として捨てられる運命になっている。実際の飛距離とは別に、いかにロスを少なく踏み切るかのテクニックが重要になっているのだ。

昨今の電子技術は選手の靴の先端を捉えることができるので、「ロス」をなくし実距離を記録に計上することが可能だ。選手はファールに悩まされることなく自由に飛べるので、精神的にも楽になって距離は伸びるだろう。しかも、走り幅跳びは一人ずつで挑戦しており、計時における測定開始地点をファールラインから、選手の踏切地点に変更するだけなので、運営上も問題はない。

究極のスポーツ計時は、アスリートに格別の制約や負荷をかけることなく、ありのままの姿でスポーツに励む最高の状態を数値化することだ。

このような計時が認められると、競技会に一度も出場せずに、「世界最速の男」が誕生する可能性もある。ということは、金メダルを授与されることもないわけで、「金メダルを持たない世界最速の男」が出現することになる。

計時技術の進歩によって、未来のスポーツは、今とまったく違う様相を呈しているかもしれない。

あとがき

「運動会屋さん」。陰ながら、彼らは社内で、そう呼ばれていた。オフィスワークではなく、スポーツ競技会に出かけて、イベント仕事をこなしていくからだが、その響きには多少の侮蔑的ニュアンスも感じられる。現場を知らないだけに、「遊び半分の仕事で、給料がもらえて良い身分だ」との、やっかみもあったのかもしれない。「運動会屋さんの姿を最近見ないけど、また、どっかに行ってるの?」。

たしかに、「神様たち」の仕事場は社内になく、勤務時間中には当然「息抜きの時間」も見受けられた。打ち合わせや、準備・精算業務以外では、疎遠になる社内コミュニケーションの回復に努めるために、「運動会」や開催地での見聞話が多くなり、夜は僻地での長期間にわたる自然と機械相手の仕事から日本の日常生活に切り替えるために、銀座に繰り出すことも多かった。「神様」の裃《かみしも》であるタイミングチームのユニフォームをスーツに着替えると、後光は消え、何の変哲もない普通のサラリーマンになるが、イベント屋の彼らにサラリーマンの日常勤務を求めることが酷だった。

一方、彼らの属する時計会社の体質は、「まじめさが取り柄」だった。創業者の「急ぐな、休むな」の格言に見られるように、「一歩一歩登りつめて、世界最高峰の精度を手に入れた」会社なので、長期の出張から帰って来たかと思うと、出張中の休日出勤を振り替えて、平日に多く休み、社内ではぶらぶらしているように見受けられる社員は浮いてしまう。

だが、「運動会屋さん」の存在が認められているのは、ブランド造りに果たす貢献の大きさである。営業が何年もかかってできなかったブランド浸透をわずか一〜二週間で行ってしまうケースもあるからだ。少なくとも、今日のＳＥＩＫＯブランドの形成に果たした貢献度は大きかったことは、社員の誰もが認識しているが、残念ながら、昨今は先進国でその効果の度合いは格段に薄れてきている。マーケティングにおけるスポーツ計時の役割が変わっているのだ。

ところが、地域によっては、大きなインパクトを持つこともままある。日本では新聞記事にもならないが、アジア諸国の参加するＳＥＡゲームス（南東アジア競技大会）などは、日本や中国が参加していないために、地元国選手がメダルを取る可能性が高く、オリンピック並みの人気のある大会だ。その大会をたまたま取材した日本の某有力紙が、「大会を開催するのに不可欠な計時を日本の時計メーカーが無償で行っているのには驚いた。これがまさに地元に密着した社会貢献だ」と記事にした。まさに計時担当冥利に尽きる評価だ。実際、電子計時システムを持ち込まなければ、記録は国際連盟から公認されず、大会の評価も下がる。また、「世界新記録」と共にＳ

ＥＩＫＯブランドがテレビや新聞に映ると、一躍「運動会屋さん」にフットライトがあたることになる。

そんな特殊任務の「運動会屋さん」には、エピソードがあふれている。しかし、筆者も含めて、社員の誰も、「運動会屋さん」の業務内容を公にすることは避けていた。「運動会」の陰の仕事であるだけでなく、利害関係者も多く、下手をすると小さな「一石」が、とてつもない波紋を巻き起こす可能性を秘めているからだ。また、経営陣には、「計時者は縁の下で仕事を全うするべきであって、余計なことは言うべきではない」との意見もある。

今回、敢えてそのタブーに挑んでみようと思ったのは、草思社の藤田博編集長との雑談がきっかけだった。二人だけの雑談だったことでもあり、「運動会屋さん」のエピソードのいくつかを披露したところ、面白がって、「それを本にしてみては」と言っていただいた。条件反射で「これは公にすべきことではありませんから」とお断りをしたものの、帰り道に改めて考えてみると、この企画を実現するならば「今でしょ」との結論に達したのである。

「計時の神様」たちや当時の関係者はすでに一線から退き、これからは貴重な証言を得られる機会が減ること、過去のエピソードは時間の中で風化を始め、「一石」が池を揺るがすような波紋になる危険性が減っていること、計時技術の進化で計時体制が大きく変わっていることに気がついたからだ。しかも、国際陸連などは、ゴールの判定画像を積極的に公開するなど、計時作業を取り巻く環境も開放方針に転換している。

もしも手動計時が続いていたならば、一人の計時担当者が「ボタンを押すタイミングが遅れた」と告白するだけで、記録自体の信頼性を揺るがす事態になるが、全自動の電子計時システムが恒常的に稼働する今日《こんにち》では、そのような心配もない。計時体制が盤石になったのだ。

一方、計時の自動化が進むことによって、「計時の神様」の出番は減っている。不完全な計時を神業でカバーする機会は減り、選手と機械が直接対峙して記録はつくられていくわけで、これからの計時では、むしろ機械を動かすプログラマーの能力が問われる時代になる。そのように考えると、今が最後のタイミングではないかと思う。

だが、実際に原稿に取り組んでみると、「公にすべきか、見送るべきか」「どのように描けば、公平に表現できるか」との葛藤の連続だった。利害関係者が数多く存在するだけに、立場を変えれば、結論が変わるケースも多い。その中で筆者は、「いかに計時がスポーツを正確に捉えられるようになったのか」を追求する姿勢に心がけたつもりである。また、藤田編集長からは、絶えずその視点を外さないよう、アドバイスをいただいた。

それでも書けないエピソードがいくつか残った。それは個人や組織の名誉にかかわるもので、これからも公になることはないかも知れないが、それがスポーツの歴史を左右することはないと思う。スポーツの世界では、多くの「たら」「れば」の要因を乗り越えて歴史がつくられているからだ。計時が現在まで手動計時で行われて「いたら」、風速制限の規定があと五〇センチ緩和されて「いれば」、「世界最速男」の顔ぶれは一変していた可能性がある。

したがって、「世界最速男」の歴史は、その時々のルールや計時における「事実」の積み重ねであるとも言える。そして、これからは、フライングルールの改訂や個別計時など新たな手法が採り入れられることで、スポーツはより「真実」に近づくことができるのではないだろうか。計時のさらなる進化が楽しみだ。

織田一朗

二〇一三年六月十五日

主要参考文献

アラン・トムリンソン著／阿部生雄、寺島善一、森川貞夫監訳『スポーツの世界地図』丸善出版／二〇一二年刊

アニー・ポール「世界最速男、ボルトの不安」（『ニューズウイーク』二〇一二年七月二五日号）

カール・ルイス、ジェフリー・マークス著／山際淳司訳『カール・ルイス　アマチュア神話への挑戦』日本テレビ放送網／一九九一年刊

ジム・バリー、ヴァシル・ギルギノフ著／舛本直文訳『オリンピックのすべて　古代の理想から現代の諸問題まで』大修館書店／二〇〇八年刊

ロベルト・ケルチェターニ著／（財）日本陸上連盟監修『近代陸上競技の歴史』ベースボール・マガジン社／一九九二年刊

伊藤正男『脳の不思議』岩波書店／一九九八年刊

小川勝『オリンピックと商業主義』集英社新書／二〇一二年刊

黒谷亨『絵でわかる脳のはたらき』講談社／二〇〇一年刊

坂井建雄、五十嵐隆、丸井英二編『からだの百科事典』朝倉書店／二〇〇四年刊

下中弘編集『世界大百科事典』平凡社／一九八八年刊
立花隆『脳を究める　脳研究最前線』朝日新聞社／一九九六年刊
田中冨久子『脳とこころのしくみ』アスペクト／二〇〇七年刊
為末大「アスリートの時間感覚」（丸善出版『學鐙』二〇一三年春号）
森彰英『スポーツ計時一〇〇〇分の一秒物語』講談社／一九九二年刊
日本オリンピック委員会企画・監修『近代オリンピック一〇〇年の歩み』ベースボール・マガジン社／一九九四年刊

〔参考ウェブサイト〕
オメガ　http://www.omegawatches.com/

編集協力＝インクス（植田規夫）
本文デザイン＝Malpu Design（佐野佳子）

著者略歴――――
織田一朗　おだ・いちろう

時の研究家。山口大学時間学研究所客員教授。日本時間学会理事。1947年生まれ。1971年に慶應義塾大学を卒業し、株式会社服部時計店（現セイコーホールディングス株式会社）に入社。時計の営業・販売企画・宣伝・広報などを担当し、97年独立。もって生まれた好奇心の強さとこだわり癖から、時と時計の研究を続けてきた。著書に『改訂新版・時計の針はなぜ右回りなのか』（草思社文庫）、『あなたの人生の残り時間は？』（草思社）、『日本人はいつから〈せっかち〉になったのか』（PHP新書）、『歴史の陰に時計あり!!』（グリーンアロー出版社）、『時と時計の雑学事典』（ワールドフォトプレス）など。

「世界最速の男」をとらえろ！
進化する「スポーツ計時」の驚くべき世界

2013年7月30日　第1刷発行

著者　織田一朗
装丁者　Malpu Design（清水良洋）
発行者　藤田　博
発行所　株式会社 草思社
〒160-0022　東京都新宿区新宿5-3-15
電話　営業 03(4580)7676　編集 03(4580)7680
振替　00170-9-23552

本文印刷　株式会社三陽社
カバー　日経印刷株式会社
製本　加藤製本株式会社

ISBN978-4-7942-1989-3 Printed in Japan　検印省略
http://www.soshisha.com/

草思社刊

草思社文庫
改訂新版
時計の針はなぜ右回りなのか

織田一朗著

「地球の1日は永遠に24時間なのか」「週の始まりは日曜か月曜か」など、時計と生活の中の時間をめぐるさまざまな疑問に答える。最新情報を元にした改訂新版で登場。

定価 714円

あなたの人生の残り時間は？
時計と時間のウンチク話

織田一朗著

「時の研究家」が語る時間にまつわるエッセイ集。「七夕や月見はなぜ月遅れのほうがいいのか」「清水が金を逃した0・03秒はブレード1枚分」など、読み切り62篇。

定価 1,470円

草思社文庫
素晴らしきラジオ体操

髙橋秀実著

「世界遺産にしたいくらい」。なぜラジオ体操はこれほど日本人に親しまれているのか。3年の歳月をかけて徹底取材してその謎にせまる。日本人の素顔が見えてくる。

定価 714円

草思社文庫
果てなき渇望
ボディビルに憑かれた人々

増田晶文著

必要以上の、異様なまでの筋肉を纏うことに呪縛されるビルダーたち。足ることを知らぬその渇望の深淵を見据え、人間存在の本質に肉薄した傑作ノンフィクション。

定価 840円

＊定価は本体価格に消費税5％を加えた金額です。